Claudia und David Arp

Liebe ist kein Zufall

*Was glückliche Paare
richtig machen*

VERLAG GIESSEN · BASEL

Titel der amerikanischen Originalausgabe:
I choose Us.
Copyright © 2002 by Claudia und David Arp
Alle Rechte vorbehalten.

Published in association with the literary agency of Alive Communications, Inc., 7680 Goddard Street, Suite 200, Colorado Springs, CO 80920, USA.

Bibelzitate erfolgen nach der Übersetzung: Hoffnung für alle.
© 1996 by International Bible Society
Übersetzung: Brunnen-Verlag Basel und Gießen.

© 2003 Brunnen Verlag Gießen
Umschlagfoto: Zefa, Düsseldorf
Umschlaggestaltung: Ralf Simon
Satz: Brunnen DTP
Herstellung: St.-Johannis-Druckerei, Lahr
ISBN 3-7655-1297-4

Inhalt

Bevor Sie beginnen ... — 5

Entscheidung eins:
Unsere Beziehung hat Vorrang — 7

Entscheidung zwei:
Wir legen ein stabiles Fundament — 16

Entscheidung drei:
Wir hören, bevor wir reden — 31

Entscheidung vier:
Wenn wir streiten, streiten wir fair — 47

Entscheidung fünf:
Wir genießen unsere Unterschiedlichkeit — 66

Entscheidung sechs:
Wir teilen die Freude – und die Arbeit — 89

Entscheidung sieben:
Wir konzentrieren uns auf das Positive — 105

Entscheidung acht:
Wir schaffen Raum für Zärtlichkeit — 121

Entscheidung neun:
Wir suchen nach unserer gemeinsamen Spiritualität — 139

Entscheidung zehn:
Wir gestalten unsere Ehe bewusst — 157

Bevor Sie beginnen ...

Eine gute Partnerschaft ist eine Sache der Entscheidung. Nicht einer einzigen und einmaligen Entscheidung („Ja, ich will ..."), sondern vieler kleiner Alltagsentscheidungen. Und die Entscheidungen, die Sie heute treffen, entscheiden darüber, welche Art von Beziehung Sie haben werden – jetzt und in Zukunft. Für eine erfolgreiche Ehe kann man sich entscheiden – und eine schwierige Partnerschaft lässt sich vermeiden.

Schwierigkeiten in der Ehe sind häufig die Folge von schlechten oder gar keinen Entscheidungen. Manche Ehen treiben allmählich unmerklich in eine Krise, weil sie zu lange vernachlässigt werden. Für andere kommt die Krise plötzlich. Vernachlässigung kann dazu führen, dass sich einer der Partner anderen zuwendet, die ihm zuhören und seine emotionalen Bedürfnisse stillen. Viele Ehepaare landen vor dem Scheidungsrichter, weil sie ihre Ehe nicht zu einer Hauptsache gemacht hatten und weil dann jemand auftauchte, der die Funken wieder sprühen ließ.

Egal, ob eine Beziehung langsam in die Gleichgültigkeit rutscht, oder ob die Krise wie aus heiterem Himmel kommt – schwierige Ehen haben eines gemeinsam: Die Partner haben aufgehört, sich füreinander zu entscheiden. Sie haben nicht mehr an ihrer Beziehung gearbeitet.

Dieses Buch möchte Menschen, die in einer Ehe oder Partnerschaft leben, ermutigen, sich füreinander zu entscheiden. Wir bieten Ihnen zehn Entscheidungen an, die Ihre Beziehung aufbauen und stärken. Jede Entscheidung wird anhand praktischer Beispiele erklärt, und wir zeigen auch, wie sie im Alltag umgesetzt werden kann. Aus 25-jähriger Erfahrung in der Eheberatung und auch aus unserer eigenen Ehe wissen wir, welche Entscheidungen den Weg zu einer liebevollen, erfüllenden und blühenden Beziehung ebnen.

Sie haben die Wahl

Sie können sich entscheiden, Ihre Liebe zu erneuern und die Freundschaft in Ihrer Ehe zu vertiefen. Es liegt an Ihnen, Ihre Strategien im Umgang mit Konflikten und Ihre Kommunikationsfähigkeit zu verbessern. Sie haben es in der Hand, ob Sie Unterschiedlichkeiten, die anfangs irritierten, akzeptieren und sich daran freuen wollen. Sie haben die Wahl, als Ehepartner auch einen gemeinsamen geistlichen Weg zu gehen. Sie können wählen, ob Sie eine zielstrebige, bewusst gestaltete Ehe erleben möchten. Aber die Entscheidung liegt immer bei Ihnen. Sie müssen sie treffen. Wollen Sie sich für eine starke Partnerschaft entscheiden? Entscheiden Sie sich für das „Wir"?

Entscheidung eins
Unsere Beziehung hat Vorrang

Wir saßen mit Mona und Frank zusammen und hörten mit Bestürzung, wie sie offen und ungeschminkt über den Zustand ihrer Ehe sprachen. Das Bild, das sie uns malten, war nicht schön.

„Unsere Ehe", sagte Mona, „ist wie ein Teppich, unter dem sich jede Menge Müll angesammelt hat. Über Jahre haben wir versucht, diesen Müllberg zu ignorieren, aber wir stolpern immer wieder darüber, und mittlerweile beginnt er zu stinken. Unsere Ehe zerbricht, und ich weiß nicht, wie ich sie wieder hinbiegen könnte."

Frank starrte Mona an. „Mona, das ist genau das Problem. Du versuchst immer, irgendwelche Dinge hinzubiegen. Ich bin es leid, dass du das bei mir auch versuchst. Ich bin deine ewige Kritik leid, wie ich Dinge besser machen könnte: Du solltest nicht so viel essen, warum gehst du nicht mal wieder zum Sport, du könntest auch mal mehr Zeit für die Kinder haben ... Ich weiß, dass ich Probleme habe, aber Mona, du kannst mich nicht zurechtbiegen."

„Das ist ja das Problem", erwiderte Mona. „Ich versuche lediglich zu helfen, und für dich ist das gleich Kritik. Du verschanzt dich in deiner Festung und verrammelst die Tür."

„Ja, für dich mag das als Hilfe gemeint sein!" Frank wurde lauter. „Weißt du denn eigentlich, wie das ist, wenn alles, was man tut, in Frage gestellt wird? Und wenn ich deine Vorschläge nicht annehme, fühlst du dich zurückgewiesen! Ich weiß, dass ich Fehler habe. Aber bevor ich mich damit beschäftige, muss ich mich erst einmal entscheiden, ob ich diese Ehe überhaupt aufrechterhalten will."

Wie hatte es so weit kommen können? Wie konnten unsere Freunde in solch destruktive Verhaltensmuster hineinrutschen? Wir wussten zwar, dass es zwischen den beiden einige Spannungen gegeben hatte, aber wir hatten nicht geahnt, dass sie kurz vor der Scheidung standen. Was hatte dazu geführt, dass sie aus Partnern und Liebenden zu Feinden geworden waren?

Als wir weiter darüber sprachen, wurde klar, dass Frank und Mona im Laufe ihrer etwa zehn Ehejahre Entscheidungen getroffen hatten – Entscheidungen, die unklug waren, die aber nicht in der Absicht getroffen wurden, ihre Ehe zu verletzen. Sie versicherten uns, dass sie sich immer noch liebten, aber irgendwie war der freundschaftliche Umgang miteinander verloren gegangen. Sie führten ihren eigenen Ehekrieg, in dem beide nur verlieren konnten. Die Energie, das Prickeln und der Optimismus der ersten Jahre waren verschwunden.

Während sie über die Geschichte ihrer Beziehung nachdachten, kamen einige dieser unklugen Entscheidungen zur Sprache. Mona sprach darüber, wie sie ihr Bedürfnis nach Entwicklung als eigenständige Person vernachlässigt hatte und wie sie das jetzt bedauerte. Frank erinnerte sich an seine Entscheidung, sich in seine Festung aus Arbeit, Computer und Sportschau zurückzuziehen, anstatt sich mit Monas kritischen Vorschlägen auseinander zu setzen. Frieden um jeden Preis war ihr Motto. Aber dieser Preis hatte sich als zu hoch erwiesen. Und als die Kinder kamen, verbrachten sie immer weniger Zeit miteinander als Paar. Das Gespräch drehte sich nur noch um Alltagsdinge. Sie konnten jederzeit über die Kinder sprechen – nicht, dass sie da immer einer Meinung waren –, aber die Kinder waren ein unverfänglicheres Gesprächsthema als z.B. ihre Ehe mit den vielen Minenfeldern, die jederzeit hochgehen konnten. Die schwierigen Beziehungen zu den jeweiligen Schwiegereltern taten ein Übriges, um eine ohnehin schon angeknackste Ehe an den Rand des Zusammenbruchs zu bringen.

Möchten Sie mehr?

Kommt Ihnen irgendetwas aus dieser Szene bekannt vor? Ihre Ehe steht hoffentlich nicht so kurz vor dem Ende wie die von Mona und Frank, aber vielleicht haben Sie doch hin und wieder den Eindruck, dass Ihre Beziehung nicht so ist, wie Sie sich das einst erträumt hatten. So wie Frank und Mona haben Sie sich sicher nie bewusst für Dinge entschieden, die der Beziehung schaden würden, aber das Leben läuft so vor sich hin, und ehe man es sich versieht, ist dieses bewusste Prickeln weg.

Die meisten Paare würden bei ehrlichem Nachdenken sicher zugeben, dass sie von ihrer Ehe mehr wollen als das, was sie momentan erfahren.

Sie möchten sich geliebt, dem anderen verbunden, akzeptiert und sicher fühlen, und tief im Herzen wünschen sie sich, dass sie ihren Kindern im Blick auf die Partnerschaft ein gutes Beispiel sein können. Aber viele Paare treffen – fast unbewusst – auch weiterhin unkluge Entscheidungen. Oder sie treffen, was genauso schlimm ist, überhaupt keine. Sie haben zu viel zu tun, sind zu beschäftigt mit Karriere, Elternpflichten und damit, ihre Kinder zum Fußballtraining, zur Musikschule oder zum Ballett zu begleiten.

Viele Ehepartner haben die Hoffnung aufgegeben, dass ihre Ehe sich ändern könnte. Wir sind davon überzeugt, dass Veränderung möglich ist, und dass es eine Sache von Entscheidungen ist. Ungeachtet der vielleicht ungunten Entscheidungen der Vergangenheit können Sie heute damit anfangen, gute Entscheidungen zu treffen. Entscheidungen, die ihre Ehe von Grund auf verändern können. Wir wissen, wovon wir sprechen.

Aus eigener Erfahrung ...

Vor Jahren waren auch wir in unserer Ehe an einem kritischen Punkt angelangt. Wir hatten drei Kinder, alle unter sechs Jahren, und waren sehr beschäftigt. Natürlich hatten wir nie den Entschluss gefasst, unsere Ehebeziehung zu ignorieren, aber wir hatten uns für ein übergroßes Engagement entschieden – ohne uns jedoch darüber im Klaren zu sein. Dave war damals beruflich viel unterwegs, und wenn er zu Hause war, nahmen uns Kinder, Freunde, Gemeinde und andere Aktivitäten sehr in Anspruch. Im Rückblick müssen wir zugeben, dass wir nicht mehr aktiv an unserer Ehe arbeiteten. Wir vernachlässigten sie und uns!

Dann zogen wir nach Deutschland, und das war für unsere Ehe eine echte Herausforderung. Ich (Claudia) war nicht gerade begeistert davon, mein Zuhause, meine Freunde und mein geordnetes Leben in Knoxville, Tennessee, zu verlassen.

Dave freute sich sehr über diesen Umzug. Er würde nicht mehr so viel unterwegs sein müssen, und außerdem mag er Abenteuer und neue Erfahrungen. Sein Vater war bei der Armee, daher war Europa für ihn so etwas wie eine zweite Heimat. Als Kind hatte er mehrere Jahre in Österreich gelebt. Er war sich sicher, ich würde begeistert sein, wenn ich mich nur darauf einließ.

Ich war mir dagegen sicher, dass es mir überhaupt nicht gefallen würde. Wie konnten wir unseren Kindern das nur antun? Ich hatte unseren Ältesten gerade bei einer tollen Privatschule angemeldet – nun wusste ich überhaupt nicht, was schulisch auf unsere drei Söhne zukam.

Wir konnten kein Deutsch, und für ein Vierteljahr hatten wir keine eigene Wohnung. Sie können sich vorstellen, wie das war! Ein Abenteuer? Um ganz ehrlich zu sein, das war die schlimmste Zeit unserer Ehe. Wir waren zwar physisch zusammen, emotional aber trennten uns Welten. Wir fühlten uns herausgerissen. Allein. Isoliert. Wir hatten plötzlich Zeit zum Reden; Zeit, uns mit Dingen zu konfrontieren, die wir vorher ignoriert hatten. Das war nicht einfach.

Eines Morgens saßen wir am Küchentisch, und uns wurde klar, wie weit wir uns voneinander entfernt hatten.

„Dave, ich habe das Gefühl, als kenne ich dich gar nicht mehr richtig", sagte ich und fing an zu weinen. „Ich fühle mich hier nicht wohl. Niemand spricht Englisch, ich spreche kein Deutsch. Unsere Jungs haben keine Freunde, und was ist überhaupt mit unserer Freundschaft passiert? Jetzt haben wir Zeit, zum Reden, aber wir haben uns nichts mehr zu sagen."

„Claudia, ich weiß, dass der Umzug einer fünfköpfigen Familie um den halben Erdball viel Stress bedeutet und auch seinen Tribut gefordert hat", sagte Dave. „Aber ich weiß auch, dass wir uns lieben. Wir können das schaffen."

An diesem Morgen kamen wir zu dem Schluss, dass wir Entscheidungen treffen mussten, die unserer Ehe gut taten. Dave hatte Recht. Wir liebten uns, und unsere Ehe bedeutete uns viel, nur hatten die letzten Monate dazu geführt, dass die Distanz zwischen uns wuchs und nicht die Nähe. Wir beide wollten unsere Beziehung neu beleben. Wir wollten die Nähe und nicht die Distanz wählen.

Wir haben uns entschieden: Für *uns*

An diesem Samstagmorgen beim Frühstück trafen wir einige weit reichende Entscheidungen. Wir entschieden uns dafür, unsere Beziehung an die erste Stelle zu setzen! Wir riefen uns noch einmal die Zeit in Erinnerung, als wir uns kennen lernten und uns ineinander verliebten. Wir erinnerten uns daran, wie aufregend es war, einander zu finden, und an den Spaß, den wir in den ersten Jahren unserer Ehe miteinander hatten. Als dann die Kinder kamen, wurde das Leben hektisch. Und dieses Nachdenken über die positiven Zeiten unserer Ehe machte uns fähig, die aktuellen Probleme anzugehen. An diesem Morgen trafen wir die gemeinsame Entscheidung, alles Notwendige zu tun, um unserer Beziehung neuen Schwung zu verleihen und den Spaß und die Freundschaft wieder zu entdecken, die für den Anfang unserer Ehe so charakteristisch gewesen waren.

Zum ersten Mal schauten wir uns genau an, in welchem Zustand unsere Ehe war und sprachen intensiv über unsere Beziehung – wo sie hinlief und welche Richtung wir ihr geben wollten. Seitdem haben wir unsere Ehe häufig einem solchen Checkup unterzogen. Wir haben eine großartige Möglichkeit gefunden, bei der Entscheidung für die Ehe zu bleiben. So sieht diese Möglichkeit aus:

Machen Sie einen Beziehungs-Checkup

Sie können Ihren persönlichen Beziehungs-Checkup durchführen. Unserer sah folgendermaßen aus.

Erstens: Wie geht es uns gerade?
Was ist an unserer Beziehung positiv, was negativ? Damals war positiv, dass unsere Ehe uns immer noch viel bedeutete, dass wir Zeit zum Reden hatten, Zeit uns weiterzuentwickeln und herauszufinden, was wir tun konnten, um unsere Beziehung zu verbessern. Auch unser normalerweise gut ausgeprägter Sinn für Humor und unsere Abenteuerlust waren positiv (auch wenn beides bei mir durch den Umzug sehr gelitten hatte).

Was war negativ? In den letzten Jahren war unser Leben von einem übergroßen Engagement geprägt gewesen. Wir bezeichneten das jetzt scherzhaft als „Klinkenbeziehung". Wenn in Knoxville einer von uns nach Hause kam, übergab der andere nur die Kinder und ging zu seinem Termin. Wir sagten uns immer wieder, dass wir Zeit zum Reden finden müssten, zum Lachen, zum Spaß miteinander haben und dafür, uns mit den Dingen auseinander zu setzen, die anlagen, aber bis zu unserem Umzug nach Deutschland fanden wir diese Zeit nie. Noch hatten wir zwar keinen Müllberg unter unserem häuslichen Teppich, aber es kam zu Spannungen in unserer Beziehung, die ihren Tribut forderten.

Zweitens: Wir setzten uns Ziele für unsere Ehe.
Schon früher hatten wir über Zielsetzung gesprochen, aber nie die Zeit gefunden, dies auch umzusetzen. Jetzt hatten wir Zeit, und wir machten uns Gedanken darüber, wie unsere Ehe aussehen sollte, wenn wir erst zwanzig, dreißig oder vierzig Jahre verheiratet wären. Wir setzten uns Minimalziele und versuchten, sie in winzigen Schritten zu erreichen. Wenn wir eines geschafft hatten, machte uns das Mut für das nächste.

Damals begannen wir, in der Woche feste Zeiten für uns als Ehepaar einzuplanen. Auch wenn es nicht einfach war, in einem fremden Land einen Babysitter zu bekommen, waren wir hartnäckig. Manchmal kam dann einfach ein Abend zu Hause dabei heraus, aber Zeit für uns fanden wir fast immer. Diese Entscheidung für feste Zeiten hat sich im Laufe der Jahre ausgezahlt.

Außerdem legten wir wöchentliche Zeiten fest, zu denen wir bestimmte Dinge besprechen wollten. Für uns war es wichtig, die Zeiten, in denen wir einfach entspannten oder Spaß miteinander hatten, ganz klar von denen zu trennen, in denen wir Dinge bearbeiten mussten oder in denen Meinungsverschiedenheiten zu klären waren. Es ist nicht klug, einen Abend, den man eigentlich miteinander genießen will, damit zu vergeuden, dass man über ein aktuelles Problem diskutiert – besonders dann nicht, wenn ein Babysitter zu bezahlen ist.

Drittens: Wir nahmen uns vor, Neues zu lernen und Fähigkeiten zu reaktivieren, die zwar vorhanden waren, die wir aber nicht nutzten.
Wir hatten glücklicherweise beim Umzug einige Bücher mitgenommen, die uns halfen, unsere Kommunikation zu verbessern. Wir freundeten uns mit einem älteren Ehepaar an, deren Beziehung einen sehr positiven Eindruck auf uns machte und die unsere Seelsorger wurden. Sie liehen

uns Skier aus und brachten uns und unseren Kinder das Skifahren bei. Damals führten wir für unsere Ehe die Tradition von kinderfreien Wochenenden ein.

Achtunddreißig Jahre und kein Ende abzusehen

Im Rückblick auf die achtunddreißig Jahre unserer Ehe sehen wir, dass diese drei Entscheidungen, die wir in den ersten Jahren in Deutschland trafen – Verbesserung der Kommunikationsfähigkeiten, Suche nach einem Ehepaar, das uns Seelsorger sein konnte sowie feste Eheabende und Wochenendtrips – unsere Beziehung im Laufe der Jahre enorm verändert haben. Wir können heute sagen, dass wir noch immer die besten Freunde sind, dass wir uns lieben und einander vertrauen. Es gibt immer noch kleinere Meinungsverschiedenheiten und manchmal taucht wieder dieses Monster namens Überengagement auf, aber wir entscheiden uns nach wie vor für „uns".

Jetzt können Sie aktiv werden

Eine Ehe zu führen ist eine Reise – kein Reiseziel. Und Sie müssen sich immer wieder dafür entscheiden, Ihre Beziehung an die erste Stelle zu setzen. Wir können das sagen, weil es bei uns funktioniert hat. Im Laufe der Jahre haben wir durch persönliche Erfahrungen und offizielle oder inoffizielle Studien Prinzipien entdeckt, die uns bei dieser Entscheidung halfen und die unsere Beziehung gefestigt haben. Je länger wir uns damit auseinander setzten, umso häufiger stellten wir fest, dass wir von anderen Paaren um Rat gebeten wurden. Aus diesen Anfängen entwickelte sich schließlich eine Tätigkeit als Eheberater und dann unsere „Marriage Alive"-Seminare. In den letzten fünfundzwanzig Jahren konnten wir immer wieder erleben, dass diese Arbeit Paaren half, ihre – manchmal schon sehr brüchige – Beziehung zu erneuern und zu festigen oder es gar nicht erst zur Krise kommen zu lassen.

Wir hoffen, dass dieses Buch Ihnen dabei hilft, Ihre Partnerschaft, Ihre Ehe an die erste Stelle zu setzen, und dass Sie sich dafür entscheiden, die Beziehung zu Ihrem Ehepartner zu stärken. Am Ende jedes

Kapitels finden Sie eine praktische Übung unter dem Stichwort: „Sie haben die Wahl".

Wenn möglich, bearbeiten Sie es zusammen mit Ihrem Partner, falls das aber nicht geht, machen Sie es allein. Eins sollten Sie bedenken: Man ändert den anderen nicht durch direkte Aktion. Sie werden aber feststellen, dass sich andere (einschließlich Ihres Partners) ändern, wenn Sie sich verändern. Gehen Sie das Risiko ein. Setzen Sie Ihre Ehe an die erste Stelle.

Sie haben die Wahl

Übung eins: Beziehungs-Checkup

1. Schauen Sie sich Ihre Beziehung an. Was ist daran positiv? Was negativ?

2. Wie soll Ihre Ehe in fünf, zehn oder zwanzig Jahren aussehen?

3. Welche Ziele möchten Sie für Ihre Ehe festlegen?

4. Haben Sie einen wöchentlichen Eheabend? Haben Sie Eheseelsorger? Haben Sie regelmäßig Wochenenden nur für sich allein?

5. Was müssten Sie noch lernen, um Ihre Ehe an die erste Stelle setzen zu können? (In den nächsten Kapiteln finden Sie Vorschläge, von denen einige hoffentlich für Sie umsetzbar sind.)

6. Wenn ein Dritter heute Ihre Beziehung beschreiben müsste, wo würde er oder sie Ihre Prioritäten vermuten?

Entscheidung zwei

Wir legen ein stabiles Fundament

Wir gingen einen Felsenpfad an der Küste entlang, und der feine Sprühregen der Gischt war uns eine willkommene Erfrischung. Beim Wandern können wir am besten miteinander reden. Das war auch an diesem Tag nicht anders.

Wir waren allein, weit weg von allen Verpflichtungen und konnten es einfach genießen, beieinander zu sein. Welch ein Unterschied zu der Woche davor, die voll gepfropft gewesen war mit Abgabeterminen für Manuskripte und Seminarvorbereitungen. Wir machten eine Rast und setzten uns auf einen großen Felsblock. Unser Blick wurde von dem alten, bezaubernden Leuchtturm auf einem nahe gelegenen Hügel angezogen.

Wir sprachen darüber, was Leuchttürme so attraktiv macht. Ist es die Sicherheit, die sie ausstrahlen? Immerhin haben sie im Laufe der Jahre so manche Schiffskatastrophe verhindert. Bei Nebel können sie Lebensretter sein. Sie stehen auf einem festen Fundament – normalerweise auf einem Felsen. Das schützt sie bei starkem Sturm vor Schäden und Zerstörung. Uns kam der Gedanke, dass auch unsere Ehe eine Art Leuchtturm ist – besonders dann, wenn alles gut läuft. Wir fühlen uns wohl miteinander, und unsere Ehe steht auf einem festen Fundament.

An diesem Abend aßen wir in einem kleinen Restaurant am Hafen. Die Wärme des offenen Kamins ließ uns die Kühle des Abends vergessen, und wir sprachen noch so lange über den Leuchtturm, bis die Kerze auf unserem Tisch fast niedergebrannt war.

Uns gefiel der Vergleich unserer Ehe mit einem Leuchtturm, besonders der Gedanke des festen Fundamentes. Dabei fiel uns ein bekanntes Paar ein, Bernd und Anne, die leider nicht verstanden hatten, wie wichtig ein festes Fundament für eine Ehe ist. Wir hatten die beiden in der vorhergehenden Woche bei einem unserer Seminare kennen gelernt. Sie waren noch nicht lange verheiratet und hatten Probleme. Der Grund dafür lag teilweise darin, dass sie mit falschen Vorstellungen in die Ehe gegangen waren. Von Anfang an gab es Probleme mit den angeheirateten Familien und anderen Dingen. Bernd verstand nicht, warum Anne dagegen war, dass er sich jeden Mittwochabend mit Freunden traf. Ebensowenig verstand er, warum Anne jeden Abend nach dem Essen mit ihrer Mutter telefonierte. Diese Zeit sollte doch eigentlich ihnen beiden gehören.

Was ist Ihr Fundament?

Wir sprachen darüber, dass Bernd und Anne ihr eheliches Fundament neu bewerten und einiges ändern müssten. Vielleicht ist das bei Ihnen genauso. Man kann leicht in den Ehealltag hineinschlittern, aber ohne eine klare Entscheidung für das Fundament übernimmt man vielleicht automatisch Verhaltensmuster, die man bewusst nie gewählt hätte. Aber man kennt es nicht anders von Eltern und Großeltern. Bernds Vater traf sich ebenfalls einmal in der Woche mit Freunden, und Annes Mutter telefonierte täglich mit ihrer Mutter. Beide hatten diese Verhaltensweisen einfach übernommen, aber zu ihrer Beziehung passten sie nicht, und so waren sie frustriert. Wir schlugen ein zweites Beratungsgespräch vor, bei der sie über die Grundprinzipien sprechen sollten, die sie sich für ihre Ehe wünschten.

Drei Grundprinzipien für die Ehe

Das Fundament, auf das wir unsere Ehe gebaut haben, ist schon tausende von Jahren alt und steht im ersten Buch des Alten Testamtentes: „Darum verlässt ein Mann seine Eltern und verbindet sich so eng mit seiner Frau, dass die beiden eins sind mit Leib und Seele" (1. Mose 2,24). Nach biblischem Verständnis ist die Sehnsucht nach Beziehung zwischen Mann und Frau von Gott in den Menschen hineingelegt. Die Ehe beginnt sozusagen im Paradies. Und sie ist, wie die ganze Schöpfung, „sehr gut". Aus dem obigen Vers leiten wir drei Prinzipien ab, die uns dabei geholfen haben, unsere Ehe gesund und entwicklungsfähig zu erhalten. Diese drei Prinzipien sind: Verlassen, Sich-Verbinden und Einswerden.

Wie wichtig dieser Vers ist, wird noch betont, wenn Jesus uns im Neuen Testament daran erinnert, dass der Schöpfer uns als Mann und Frau nach Seinem Bild geschaffen hat. Als Mann und Frau, geschaffen von Gott, sollen wir einander ergänzen und Ihn widerspiegeln, und in diesem Zusammenhang wird auch gesagt, dass das Verlassen, Verbinden und Einswerden dazu gehören (vgl. z.B. Matthäus 19,5, Markus 10,7). Wir nehmen diese Prinzipien sehr ernst und empfehlen das auch anderen. Sie sind die Basis für eine gesunde, entwicklungsfähige und liebevolle Ehebeziehung. Wir wollen uns das einmal etwas näher ansehen.

Verlassen

In diesem Vers geht es darum, dass Menschen, die eine Ehe eingehen, ihre Ursprungsfamilie verlassen müssen. Sie widmen sich nun dem Aufbau der eigenen Familie. Wir denken in diesem Zusammenhang oft nur an die räumliche Trennung von unseren Eltern. Das ist aber nicht der einzige, ja nicht einmal der wichtigste Aspekt. Es geht auch darum, unsere Bindung, unsere Zugehörigkeit neu zu ordnen und sie von den Eltern auf den Partner zu übertragen. Das ist natürlich um einiges komplizierter, wenn man mit den Eltern im selben Haus oder in ihrer unmittelbaren Nähe wohnt.

Bei einem Seminar für verlobte und jung verheiratete Paare sprachen wir vor kurzem mit Elisabeth und Jonathan. Sie wollen bald heiraten und das erste Jahr aus finanziellen Gründen mit Jonathans Eltern in einem Haus leben, da Jonathan zunächst sein Studium beenden will. Wie denkt Elisabeth darüber? Sie versteht sich sehr gut mit ihren künftigen Schwiegereltern, aber wir spürten doch leichte Vorbehalte. Für Jonathan wird es natürlich schwieriger sein, seine Eltern „zu verlassen", wenn er mit ihnen unter einem Dach lebt.

Wir rieten ihnen, ihre Ansprüche zurückzuschrauben und sich in der Nähe der Universität eine kleine Wohnung zu suchen. Es gibt durchaus Umstände, in denen es aus finanziellen oder anderen Gründen notwendig ist, dass mehrere Generationen unter einem Dach leben. Da Verlassen aber vor allem bedeutet, den Partner in den Mittelpunkt zu rücken und anderen Personen und Dingen den niedrigeren Stellenwert einzuräumen, der ihnen zukommt, würde das für Jonathan und Elisabeth aufgrund der räumlichen Nähe zu den Eltern wahrscheinlich schwirig werden.

Als wir, wie erwähnt, nach Deutschland gingen, waren wir ebenfalls jung verheiratet. Tausende von Kilometern lagen zwischen uns und unseren Eltern, und auch, wenn wir sie sehr liebten, tat uns diese Zeit des Abstands sehr gut. Wir konnten unsere Probleme selbst lösen und einen eigenen Beziehungsstil für uns als Ehepartner entwickeln.

Ralf und Carla hatten dieses Glück nicht. Sie wollten die Beratung als letzten Versuch nutzen, ihre Ehe zu retten. An ihrer Geschichte war ganz klar zu erkennen, dass sie das Prinzip des Verlassens nicht befolgt hatten. Ralfs emotionale Bindung zu Mutter und Schwestern war noch so stark, dass Carla davon überzeugt war: Er liebt sie mehr als mich. Seine Zeit verbrachte Ralf mit seiner Familie und nicht mit Carla. Urlaub musste unbedingt gemeinsam mit Ralfs Eltern gemacht werden.

Die Beziehung zwischen Ralf und seiner Familie war jedoch nicht das einzige Problem in dieser Ehe. Ralf stellte alles über seine Beziehung zu Carla: Arbeit, Freunde und Hobbys. Leider trennten sie sich.

Wie ist das in Ihrer Ehebeziehung? Schaffen Sie es, Dinge als weniger wichtig einzustufen, damit Ihr Partner die erste Stelle in Ihrem Leben einnehmen kann? Wie ist das mit Ihrer Arbeit? Oder stehen vielleicht die Kinder ganz oben auf Ihrer Liste? Wie ist es mit Hobbys, Freunden, Fernsehen oder Sport? Sind Sie zu sehr engagiert in Nachbarschaftsaktivitäten oder sogar in der Gemeindearbeit?

Bevor Sie jetzt aber ein schlechtes Gewissen bekommen ... Wir sind gewiss ein Paar, bei dem der Ehebeziehung oberste Priorität eingeräumt wird. Trotzdem gibt es Zeiten, wo das einfach nicht klappt. Ehe reduziert sich manchmal auf ein Minimalprogramm, das ist nun einmal so.

Das Leben ist ein schwieriger Balanceakt. Einige Dinge können wir kontrollieren, andere werden zum Jonglierstück. Wenn Sie die einzelnen Schichten Ihrer Aktivitäten und zeitlichen Verpflichtungen einmal abschälen, was kommt darunter zum Vorschein? Denken Sie oft nur noch mit Wehmut an Ihren Partner? Nutzen Sie Ihre gemeinsame Zeit weise?

Daniel und Laura haben drei quirlige Söhne unter fünf Jahren. Manchmal wird der Stress einfach zu viel für sie. „Wir versuchen wirklich, unsere Beziehung nicht zu kurz kommen zu lassen", sagte Laura. „Letzte Woche hatte ich mit viel Mühe einen Babysitter organisiert, und wir gingen essen. Aber im Restaurant saßen wir einfach nur da und starrten uns wortlos an. Wir waren einfach zu erschöpft zum Reden."

Wir rieten den beiden, doch einfach einmal auswärts zu schlafen, anstatt sich bei einem Essen zu einem anspruchsvollen Gespräch zu zwingen. Wir boten ihnen sogar an, Milchmann für das Baby zu spielen. (Laura stillte den kleinsten Sohn noch. Wir würden die abgepumpte Milch abholen und sie dem Babysitter bringen, damit das Baby seine gewohnte Nahrung bekam.) Das verstehen wir unter „kreativem Verlassen".

Denken Sie an Ihre Beziehung. Wo können Sie kreativ werden, weniger wichtige Dinge aufgeben und sich ganz auf Ihren Ehepartner konzentrieren? Wenn Sie Ihre Ehe auf ein festes Fundament bauen wollen, müssen Sie sich dieser Entscheidung stellen.

Eine neue Bindung eingehen

Dieses enge Verbinden meint viel mehr als nur bloßes Zusammensein. Ein guter Freund, der Eheforscher Dr. Scott Stanley, beschreibt in seinem Buch *The Heart of Commitment* den Unterschied zwischen eben diesem bloßen Zusammensein und einer verbindlich eingegangenen Lebensgemeinschaft mit dem Partner.[1] Und die Entscheidung, sich eng miteinander zu verbinden, geht noch darüber hinaus. Man verpflichtet sich zu einer engen Bindung und ist für den Partner die Person, auf die er immer zählen kann, die das Leben in seiner tiefsten, intimsten Dimension mit ihm teilt.

Niemand möchte eine mittelmäßige Ehe führen, aber sich miteinander verbinden bedeutet, etwas von sich selbst aufzugeben, sich selbst der gemeinsamen Sache ganz hinzugeben und unterzuordnen. Es geht darum, den Partner immer in die eigenen Gedanken einzubeziehen und nach Wegen zu suchen, ihm beizustehen, ihn zu entlasten, ihn zu fördern – kurz: ihm zu dienen. Unsere Freunde Christa und Rainer sind uns hier ein gutes Vorbild.

Wir saßen gemeinsam beim Essen. Durch das offene Fenster strömte ein leichter Duft von Geranien. Es war eine ganz kleine Geste, aber sie hat mich sehr beeindruckt: Wie Rainer aufstand, Christa ihren Pullover holte und ihn ihr umlegte, liebevoll, aufmerksam, zärtlich. Und das Lächeln, mit dem sie diese Geste erwiderte. Eine kleine Geste einer großen Liebe und Vertrautheit. Sie ist mir lange in Erinnerung geblieben.

Seit mehr als fünfzehn Jahren war Christa immer wieder zu stationären Aufenthalten in verschiedenen Krankenhäusern gewesen. Dazwischen lagen Zeiten, in denen sie kränklich war, keine Kraft und auch keine Hoffnung hatte, jemals wieder ganz gesund zu werden. Die Ärzte waren ratlos bezüglich einer definitiven Diagnose, und für sie war sie eine Quelle ständiger Entmutigung.

Aber an diesem schönen Frühlingstag feierten wir die Besserung von Christas Gesundheitszustand. Auf unsere Frage, wie sie mit den letzten fünfzehn Jahren fertig geworden waren, antwortete Rainer: „Wir leben das Leben von Tag zu Tag."

„Gott ist so gut zu uns gewesen", fuhr Christa fort. „Wir haben so viel über seine Treue gelernt. Meine Krankheit hat unsere Beziehung intensiver gemacht."

Keine Klagen. Keine Bitterkeit. Fünfzehn Jahre Kampf, aber kein Anzeichen von Zorn. Rainer hatte gelernt, was es heißt, Christas Wohl zu seiner Sache zu machen, und sie waren ein wunderbares Beispiel dafür, wie das Prinzip dieses Sich-Verbindens in einer Ehe konkret werden kann.

Sich verbinden heißt auch, einander die besten Freunde zu sein. Was tun Sie, um die Freundschaft zu Ihrem Partner zu pflegen? Haben Sie gemeinsame Interessen oder Hobbys? In einer entwicklungsfähigen, gesunden Ehe suchen die Partner ständig nach Gelegenheiten, Gemeinsamkeiten zu entwickeln und zu vertiefen und sich auch so miteinander zu verbinden.

Eine Beziehung ist niemals statisch; sie verändert sich ständig – entweder zum Positiven oder zum Negativen. Wenn wir das Prinzip des Sich-Verbindens nicht beachten und vergessen, an unserer Beziehung zu arbeiten, kehrt schnell Langeweile ein. Wir ziehen uns in unsere Arbeit zurück und haben dann natürlich immer weniger Zeit, uns um unsere Partnerschaft zu kümmern. Forschungen belegen, dass die häufigste Scheidungsursache in der Tatsache liegt, dass die Partner nicht intensiv an ihrer Beziehung gearbeitet haben.

Unsere eigenen (nicht repräsentativen) Studien zeigen, dass Zeitmangel (oder das, was man dafür hält) der häufigste Grund ist, warum Paare nicht an ihrer Beziehung arbeiten. Gleich an zweiter Stelle steht Langeweile.

Der Partner ist nicht mehr anziehend und man verbringt die Zeit mit anderen Aktivitäten oder mit Arbeit – was wiederum bedeutet, dass einem die Zeit für die Beziehung fehlt. Machen Sie doch einmal eine ehrliche Bestandsaufnahme: Wo investieren Sie Ihre Zeit?

Jeder Tag schenkt uns Möglichkeiten, etwas für unser tieferes Verbundensein zu tun. Die täglichen Anforderungen, die schweren wie die guten Zeiten, können uns zusammenschweißen. Das Geheimnis liegt hier in der Kunst, die Dinge zu sortieren und zu gewichten. Aktivitäten, die Nähe schaffen, sollten wir so oft wie möglich tun. Alles aber, was eine gewisse Distanz in die Partnerschaft bringt, sollten wir vermeiden. Wenn wir zum Beispiel merken, dass unser Terminkalender zu voll ist und sich Stress ausbreitet, achten wir verstärkt aufeinander und versuchen alles zu streichen, was überflüssig oder einfach zu viel ist.

Bei anstehenden Entscheidungen sollten Sie sich fragen: „Bringt uns das näher zusammen oder nicht?" Wenn Sie sich nach diesem Prinzip richten, werden Sie feststellen, dass eine tiefe Verbundenheit wächst – Sie werden die besten Freunde werden und eine innere Seelenverwandtschaft erleben, die sie mit den Jahren ganz eng zusammenwachsen lässt.

Einswerden

Wir müssen nicht nur unsere Ursprungsfamilie verlassen und uns mit unserem Ehepartner verbinden. Wir sollen „eins werden", eine ganz neue Einheit und Gemeinschaft bilden. Wir sollen einander Liebhaber werden, und zwar mit Leidenschaft. Die Notwendigkeit, alte Bindungen zu verlassen und sich neu zu binden, zu verbinden, ist vielleicht noch einfach zu verstehen. Aber auch ein kreatives Liebesleben ist ein Bereich, an dem es intensiv zu arbeiten gilt.

Die meisten Menschen betrachten Sex in der Ehe nicht als etwas, woran man arbeiten müsste. Wir haben mit vielen verlobten und jung verheirateten Paaren gesprochen, die meinen, eine gute sexuelle Beziehung komme von ganz allein. Vielleicht ist das auch so, wenn die Leidenschaft noch groß ist. Wenn aber der Alltag in die Ehe einzieht – und das passiert zwangsläufig –, kann es durchaus sein, dass das Feuer nachlässt. Das muss aber nicht sein, wenn wir das Prinzip des Einswerdens ernst nehmen.

Die Sexualität hat Gott uns mit der Schöpfung mitgegeben. Sex war seine Idee. Er schuf uns als Mann und Frau und hat uns die Fähigkeit gegeben, tiefe Leidenschaft zu empfinden und sie im Rahmen einer verbindlichen Beziehung wie der Ehe zu leben und zu gestalten. Mit Gottes Hilfe können wir passionierte Liebhaber werden. Und das nicht nur für die ersten Jahre – Sex ist ein langfristiges Geschenk.

Als wir heirateten, waren wir beide noch im Studium und waren permanent knapp bei Kasse. Daher war unsere häufigste Freizeitbeschäftigung – Liebe. Wir merkten schnell, dass ein erfülltes Sexleben keine automatische Beigabe zur Heiratsurkunde war. Aber wir waren entschlossen, etwas dafür zu tun. Und wir kamen auch gut zurecht – zumindest, bis die Kinder kamen.

Als das erste geboren wurde schien es, als hätte jemand unter unserem Bett eine Handgranate gezündet, die unser Liebesleben weggefegt und ein großes Chaos hinterlassen hatte. Wir waren erschöpft und fühlten uns unfähig. Niemand half uns, wir hatten keine Freunde, die uns beraten konnten, und unsere sexuelle Beziehung lag auf Eis.

Für mich war das in Ordnung. Ich war einfach zu müde, um mich darum auch noch zu kümmern. Meine erotischen Fantasien beschränkten sich damals auf die Vorstellung, wieder einmal eine Nacht durchschlafen zu können.

Für David war das anders. Er war auch müde, aber nicht körperlich. Er war es leid, vernachlässigt zu werden. Müde, dass Claudia immer nur über das Baby sprach. Schließlich war er mit seinen Bedürfnissen ja auch noch da – oder?

Unser Liebesleben verschwand für einige Monate in der Versenkung, bis wir begannen, es wieder aufzubauen. Zu der Freiheit und Spontanität unserer ersten Ehejahre fanden wir zwar nie wieder zurück, aber wir lernten, trotz der knapp bemessenen Zeit, die wir zur Verfügung hatten, frischen Wind in unser Liebesleben zu bringen.

Als die Kinder größer wurden, schafften wir es, immer wieder bewusst Zeit für die Liebe zu reservieren. Dazu mehr in einem der nächsten Kapitel. Hier wollen wir nur soviel sagen: Wo immer Sie sich in Ihrer gemeinsamen Ehereise gerade befinden – beachten Sie, dass es darum geht, eins zu werden, und dazu gehört auch, dass Leidenschaft und Romantik gepflegt werden.

Einssein in der Ehe bedeutet auch, dass zwei Menschen sich so miteinander verbinden, dass eine besondere, herausgehobene, „geheiligte" Partnerschaft entsteht – eine Seelengemeinschaft, in der man in der Liebe zusammenwächst und einander genießt. Jeder Schmerz, jede Verletzung, jede Beleidigung, fehlende Unterstützung oder Untreue, jedes Versagen wird Auswirkungen auf diese Partnerschaft haben, so wie auch Freude, Komplimente, zuverlässige Unterstützung, Erfolge oder Segenserfahrungen ihre Spuren hinterlassen werden.

Im Anschluss an die Einheit über das Einswerden bei einem unserer Seminare erhielten wir das folgende Echo einer Teilnehmerin, Vera: „Ich dachte immer, dass Einssein nur eine körperliche Dimension hat. Jetzt ist mir neu deutlich geworden, dass damit auch andere Bereiche unserer Beziehung gemeint sind. Das eröffnet mir ein ganz neues Verständnis von Vertrautheit. Für mich ist das auch eine Herausforderung, die positiven Dinge in unserer Ehe zu fördern und die negativen zu vermeiden. Ich sehe jetzt deutlicher, dass viel mehr Faktoren Auswirkungen auf unsere Ehe haben, als mir bewusst war."

Vera hatte Recht. Wenn wir bereit sind, unsere Beziehung auf diese drei Fundamente von Verlassen, Sich-Verbinden und Einswerden zu bauen, werden wir uns als Partner gegenseitig in nie gekanntem Maße positiv beeinflussen.

Die drei Seiten der Liebe

Wie wichtig diese drei Prinzipien sind – auch wenn sie schon uralt sind und heute vielleicht etwas anders formuliert werden –, wird von Eheforschern vielfältig bestätigt. Robert J. Sternberg, Professor für Psychologie und Pädagogik an der Universität Yale, hat eine interessante Theorie zu Liebe und zu unserer Art, sie auszudrücken, aufgestellt.[2] Er sieht Liebe als Dreieck, aber nicht als Dreiecksbeziehung zwischen verschiedenen Personen. Die Seiten dieses Dreiecks sind Engagement (unser Verlassen), Intimität (unser Verbinden) und Leidenschaft (unser Einswerden). Wir wollen uns das einmal näher ansehen.

Engagement (Verlassen): Dies ist die kognitive Seite der Liebe. Wenn man sich kennen lernt, ist sie noch nicht da, aber sie wächst, wenn die Beziehung intensiver wird. Sternberg sagt, Engagement ist die kurzfristige Entscheidung, einen anderen Menschen zu lieben und die langfristige Entscheidung, diese Liebe auch zu erhalten. Engagement ist ein Element der Liebe, das in vielen Ehen und Beziehungen heute völlig fehlt.

Intimität (Verbinden): Intimität ist die emotionale Seite des Dreiecks. Sie steht für Nähe und Gemeinschaft in einer Beziehung: vertraute Gespräche, Mitteilen der tiefsten Gefühle und bedingungslose Unterstützung des Partners. Intimität entwickelt sich über einen Zeitraum von vielen Jahren, nicht mit einem Fanfarenstoß; die Partner werden füreinander beste Freunde und Vertraute.

Leidenschaft (Einswerden): Leidenschaft ist das motivierende Element in der Liebe. Sie ist der starke Wunsch, sich mit dem geliebten Menschen körperlich zu vereinigen. Anders als Intimität entwickelt sich Leidenschaft schnell. Im Fernsehen und Kino wird sie uns präsentiert als schnell entflammte, feurige, zentrale Erfahrung. Um für einen Menschen Leidenschaft zu empfinden, muss man ihn noch nicht einmal kennen. Im Alltag einer Ehe ist das Maß an Leidenschaft nicht immer gleich. Mal ist sie stark, mal schwach, mal vielleicht ganz verschüttet. Aber das heißt nicht, dass sie nicht mehr vorhanden ist. Allerdings will sie gepflegt sein.

Das Gleichgewicht finden

Denken Sie einmal über Ihre Beziehung nach. Wenn Sie möchten, dass Ihre Beziehung lebendig und prickelnd bleibt, dann dürfen die drei Fundamente von Verlassen (Bindung), Sich-Verbinden (Intimität) und Einswerden (Leidenschaft) nicht fehlen. Das Dreieck auf der nächsten Seite macht das noch einmal deutlich.

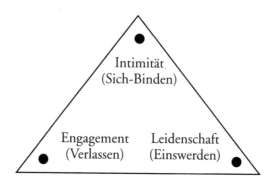

Gibt es all diese Faktoren in Ihrer Beziehung? Sind alle Seiten des Dreiecks gleich lang? Wie ausgewogen sind diese Faktoren in Ihrer Beziehung? Wird eine der drei Seiten vernachlässigt? Wie können Sie zu Ausgewogenheit finden?

Wir haben die Erfahrung gemacht, dass die Beziehung in der Partnerschaft sich ständig verändert. Was kurzfristig wichtig erschien – körperliche Anziehung, die richtige Chemie, Romantik – könnte sich langfristig als nicht ganz so entscheidend erweisen. Eigenschaften, die anfangs einfach nett und sympathisch erschienen, können im Laufe der Jahre an den Nerven zerren. Wir müssen immer wieder bereit sein, uns zu verändern, uns einander anzupassen, zu vergeben und so aus unserer Liebe eine reife, die Jahre überdauernde Liebesbeziehung zu machen.

Bei seinen Forschungen entdeckte Sternberg, dass zu den Dingen, die in einer Ehe mit der Zeit immer wichtiger werden, die Bereitschaft gehört, sich gemeinsam oder als Reaktion auf eine Veränderung des Partners zu verändern und die Eigenarten und Macken des anderen zu tolerieren. Wir sind jetzt fast vierzig Jahre verheiratet und haben gemerkt, dass wir den Partner nicht verändern können; ändern können wir nur uns selbst. Was daran aber interessant ist: Wenn einer von uns sich verändert, zieht das Veränderungen beim anderen nach sich.

Die Forschung zeigt, dass mit den Jahren gemeinsame Werte zunehmend wichtiger werden – besonders spirituelle, religiöse Werte. Dinge, die mit den Jahren nachlassen (und das ist nicht sehr ermutigend), sind Kommunikationsfähigkeit, körperliche Anziehungskraft, Spaß, gemeinsame Interessen, die Fähigkeit zuzuhören, gegenseitiger Respekt und

Romantik. Das muss aber nicht zwangsläufig auch in Ihrer Beziehung so sein – nicht, wenn Sie ein festes Fundament gelegt haben.

Prüfen Sie Ihr Fundament

Betrachten Sie die folgenden drei Prinzipien und ordnen Sie sie für Ihre Beziehung entsprechend ein. Was müssen Sie tun, damit das Dreieck ausgewogen ist?

1. Das erste Prinzip ist die bewusste Bereitschaft, andere Dinge als weniger wichtig einzustufen und Ihre Ehebeziehung an die erste Stelle zu setzen. Wo würden Sie sich auf der Skala von 0 – 10 einordnen, wobei 0 für keine oder niedrige und 10 für große Bereitschaft steht?

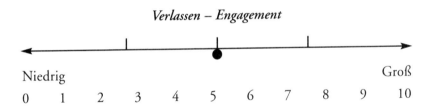

Haben Sie Ihre emotionalen Prioritäten bei Ihrer Heirat neu ausgerichtet? Kommt Ihr Partner vor Eltern, Geschwistern, Kindern, Karriere, Hobbys und anderen Aktivitäten? Haben Sie sich dafür entschieden, auch in schweren Zeiten die Beziehung aufrechtzuerhalten? Wollen Sie Ihrem Partner treu sein? Spiegelt sich in Ihren alltäglichen Entscheidungen wider, dass Ihnen Ihre Ehe wichtig ist?

2. Das zweite Prinzip ist die bewusste Bereitschaft, sich mit einem anderen Menschen eng zu verbinden und Vertrautheit zu entwickeln. Wo würden Sie sich hier auf der Skala einordnen?

Verbinden – Intimität

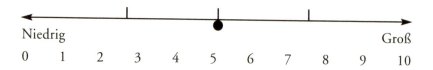

Überlegen Sie, wie sich diese Bereitschaft, eine enge Verbindung einzugehen, ausdrückt. Sind Sie füreinander die besten Freunde? Seelenverwandte? Unternehmen Sie bewusst Dinge gemeinsam, die Sie einander näher bringen, und vermeiden Sie Dinge, die Distanz schaffen? Sind Sie bereit, mit dem Partner über Ihre wahren Gefühle zu sprechen? Unterstützen Sie sich gegenseitig in emotionaler Hinsicht? Investieren Sie Zeit in Ihre Beziehung? Kann Ihr Partner immer auf Sie zählen?

3. Das dritte Prinzip ist die Bereitschaft, eins zu werden mit Leib und Seele und Sexualität und Leidenschaft bewusst zu gestalten. Wo würden Sie sich hier auf der Skala einordnen?

Einswerden – Leidenschaft

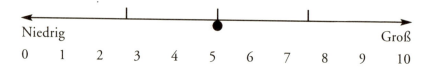

Fehlt es in Ihrer Beziehung an Leidenschaft? Brauchen Sie mehr Umarmungen, Küsse, zärtliche Berührungen? Müssen Sie mehr Zeit für die körperliche Liebe einplanen? Viele Menschen sagen uns: „Zeit für Sex einzuplanen klingt nicht gerade leidenschaftlich oder romantisch!" Das ist zwar richtig, aber mit der Leidenschaft ist es wie mit dem Glauben: Sie stellt sich oft dann ein, wenn wir das Risiko eingehen und den ersten Schritt machen. Wenn Sie Kinder haben und nicht planen, wann und wie Sie auch als Paar noch zusammenkommen können, wird sich die Leidenschaft möglicherweise langsam verabschieden.

Wählen Sie Ihr Fundament

Wenn die drei oben genannten Prinzipien zum Fundament Ihrer Ehe gehören, werden Sie eine entwicklungsfähige, lebendige Partnerschaft haben. Sie müssen aber bereit sein, gemeinsam an Ihrer Beziehung zu bauen, sie wächst nicht von allein. Ehe ist ein Prozess. Wie beim Fußball kann man nicht beliebig Auszeiten nehmen. Die Entscheidung, die Ehe an erste Stelle zu setzen, ist nicht einmalig, sondern muss täglich neu getroffen werden. Wir entscheiden uns jeden Tag neu, den Partner in unseren emotionalen Bindungen obenan zu setzen, Dinge zu tun, die uns miteinander verbinden, und solche zu unterlassen, die uns voneinander entfernen. Und wir entscheiden uns immer wieder neu für Schritte, die uns zusammenwachsen und eins werden lassen. Wir sind immer noch zwei Einzelpersonen und haben verschiedene Interessen, verschiedene Berufe, wir haben Familie und Freunde. Aber wir entscheiden uns immer wieder dafür, dass die Ehe die Schlüsselbeziehung in unserem Leben ist.

Jetzt müssen Sie sich für ein Fundament für Ihre Ehe entscheiden. Denken Sie noch einmal an das Bild vom Leuchtturm. Trifft das auf Ihre Ehe zu? Sie kann zu einem Leuchtturm werden, wenn sie auf diesen drei Prinzipien ruht, die uns unser Schöpfer gegeben hat. Prinzipien, die auch durch Forschungen bestätigt und in den Stürmen des Lebens erprobt sind. Wenn Schwierigkeiten auftreten, und sie werden nicht ausbleiben, kann Ihre Ehe auf diesem Fundament nicht nur überleben. Sie wird beständig sein, auch wenn die Stürme einmal heftig toben oder Nebel die Sicht verhüllt.

Sie haben die Wahl

Übung zwei: Das Fundament Ihrer Beziehung

1. Welche Prinzipien sind für Ihre Beziehung grundlegend?

2. Was zog Sie vor der Heirat an Ihrem Partner so an, dass Sie bereit waren, Ihre Familie zu verlassen und sich mit diesem Menschen zu verbinden?

3. Was müssen Sie aufgeben oder neu bewerten, damit Ihr Partner an erster Stelle steht?

4. Was bringt Sie als Ehepartner näher zusammen?

5. Was schafft Distanz zwischen Ihnen?

6. Überlegen Sie einige Wege, die mehr Leidenschaft in Ihr Liebesleben bringen können.

Entscheidung drei

Wir hören, bevor wir reden

Als Ausgleich zu unserem ansonsten sehr geschäftigen Alltag und als Belohnung, dass wir mal wieder ein Jahr geschafft haben, verbringen wir jedes Jahr im Dezember zwei Wochen in einem kleinen Dorf in den österreichischen Alpen. Wir wohnen in der Wohnung von Freunden und nutzen die Zeit, um zu entspannen und uns wieder neu bewusst zu werden, was wir am anderen haben.

Wir schlafen lange, unternehmen ausgedehnte Spaziergänge im Schnee und genießen den offenen Kamin in dieser Wohnung, die wir zärtlich das „Arpsche Chalet" nennen. Bei einem dieser Aufenthalte wollten wir auf unsere schlanke Linie achten und auch nicht so viel Geld ausgeben. Wir vereinbarten also, dass wir beim Essen im Restaurant jeweils ein Gericht teilen würden. Schließlich werden in Österreich sehr große Portionen serviert, und so war das ein Weg, Geld und gleichzeitig Kalorien zu sparen.

Den letzten Abend feierten wir in unserem Lieblingsrestaurant. Dort gibt es Tiroler Spezialitäten und die passende Live-Musik. Sehr festlich! Auf der Speisekarte stand unter anderem auch Ente, mein Lieblingsgericht. Da es aber ziemlich teuer war, verzichtete ich lieber darauf. Stellen Sie sich mein Erstaunen vor, als Dave Ente bestellte. Wie nett und aufmerksam von ihm! Ich fand, eine Kartoffelpfanne würde gut dazu passen, und da sie nicht teuer war, entschied ich mich dafür.

Die Ente wurde serviert. Dave begann zu essen. Die Abmachung, ein Gericht zu teilen, hatte er total vergessen. Er war hungrig, die Ente sah lecker aus, und er konnte überhaupt nicht verstehen, warum ich schlechte Laune hatte. Er merkte, dass mich offensichtlich etwas verärgert hatte, also fragte er, was los sei.

„Willst du denn deine Ente nicht mit mir teilen?", fragte ich. Ich wartete auf meine Hälfte, aber er gab mir nur ein kleines Stück. „Ist das alles?", wunderte ich mich. „Nun ja", sagte Dave, „an dem Vogel ist ja nicht so viel dran." Ich erwiderte: „Möchtest du etwas von meiner Kartoffelpfanne?"

„Nein, danke", war seine Antwort, „die Ente ist vorzüglich." Der Groschen wollte einfach nicht fallen! Unser schönes Abendessen im Restaurant schien ein völliger Misserfolg zu werden. Wir hatten uns wieder einmal nicht richtig verstanden, einander nicht wirklich zugehört. Wir hatten es nicht geschafft, miteinander zu reden und dabei zu sagen, was wir empfanden.

Zum Glück konnten wir dieses Missverständnis klären, bevor das Essen zu Ende war. Dave gab zu, dass er unsere Abmachung völlig vergessen hatte. Ich vergab ihm, und zum Nachtisch teilten wir uns einen Eisbecher. Wir versprachen, einander in Zukunft besser zuzuhören und gleich offen zu sagen, wenn wir uns missverstanden fühlten.

Warum fällt das Zuhören uns so schwer? In einer Zeitung in Kansas City stand einmal folgende Anzeige: Für fünf Dollar höre ich Ihnen dreißig Minuten lang zu, ohne Sie zu unterbrechen. Ein nationaler Nachrichtensender nahm das auf, und ob Sie es glauben oder nicht: Jeden Tag riefen dort Menschen überall aus den USA an und zahlten einem völlig Fremden fünf Dollar, damit dieser ihnen eine halbe Stunde zuhörte.

Auf die Nachricht hinter der Nachricht achten

Zu oft ist es so, dass wir die wirkliche Nachricht verpassen, auch wenn wir zuhören. Wir verstehen die Worte, interpretieren sie aber ganz anders, als sie gemeint waren. Eine Erklärung dafür ist, dass wir nicht auf die Nachricht hinter der Nachricht achten. In einem Forschungsprojekt von Kodak wurde herausgefunden, dass die Worte, die wir sagen, nur sieben Prozent der wirklichen Nachricht sind! Die nonverbale Kommunikation, also Gesichtsausdruck und Körpersprache, macht 55 Prozent aus, der Tonfall 38 Prozent. Sie sagen vielleicht die richtigen Worte, aber unterschwellig sind da noch Wut, Groll und Bitterkeit – die natürlich eine ganz andere Nachricht vermitteln als die bloßen Worte.

Ein Beispiel: Matthias ruft zu Hause an, um Marion, seiner Frau, mitzuteilen, dass es an diesem Abend später wird. Er bekommt als Antwort: „Das macht nichts, Liebling. Ist schon in Ordnung." Aber das war es ganz und gar nicht! Marion war sauer. Sie war es leid, die Kinder immer allein ins Bett bringen zu müssen, und gerade an diesem Abend hatte sie sich auf die gemeinsame Zeit mit Matthias gefreut, die sie doch so dringend brauchten. Aber irgendwie kam es nie zu so einer Zweisamkeit.

Als Matthias schließlich nach Hause kam, wunderte er sich über den kühlen Empfang. Merkte Marion denn nicht, wie hart er arbeitete und wie gut er für seine Familie sorgte? An diesem Abend war er aber zu müde, um darüber zu sprechen. So gingen sie schlafen. Müde. Einsam. An diesem Abend hatten sie es nicht geschafft, die Bedürfnisse des anderen zu erkennen.

Erst hören ...

Unsere Fähigkeit zum Zuhören hängt auch ab von unseren Erwartungen, Stimmungen und den allgemeinen Umständen. Haben Sie jemals versucht, eine ernsthafte Unterhaltung zu führen, wenn im Hintergrund der Fernseher plärrt, oder Ihren Standpunkt darzulegen, wenn Ihr Mann am Computer herumbastelt? Vielleicht rennen die Kinder herum und lenken Sie ab. Die Eheforschung zeigt uns die verschiedenen Filter auf, die uns davon abhalten, unserem Partner wirklich zuzuhören.[3] Wenn wir uns diese bewusst machen und sie auch beachten, können wir besser hören, was unser Partner uns wirklich sagen will, ohne gleich überzureagieren. Schauen Sie sich die verschiedenen Filter an, vielleicht erkennen Sie einige davon:

Der erste Filter ist *Ablenkung*. Er wurde schon weiter oben beschrieben. Sie sind müde, der Fernseher läuft und die Kinder flippen aus. Sie können Ihrem Partner nicht wirklich zuhören. Wenn Ihnen die Situation bewusst wird, können Sie sagen: „Ich kann dir im Moment nicht konzentriert zuhören. Was du sagst, ist wichtig, und ich möchte das gerne mit dir besprechen, aber lass uns warten, bis es hier etwas ruhiger geworden ist." Wenn Sie selbst das Gefühl haben, Ihr Partner hört nicht richtig zu, sagen Sie freundlich: „Hörst du mir eigentlich zu?" Noch besser ist es, Sie beginnen ein ernsthaftes Gespräch nur, wenn Sie sich sicher sind, dass Ihr Partner mit seiner ganzen Aufmerksamkeit dabei ist.

Der zweite Filter ist der *emotionale Zustand*. Sie haben schlechte Laune, sind müde oder entmutigt. Wenn Sie eine negative Grundeinstellung haben, dann werden Sie alles, was Ihr Partner sagt, ebenfalls negativ beurteilen. Im Handumdrehen hat sich diese negative Grundeinstellung auf den Partner übertragen. In diesen Situationen ist es wichtig, dem anderen mitzuteilen, wie es Ihnen geht. Dann muss er sich nicht in die Defensive gedrängt fühlen und kann Ihre Gefühle berücksichtigen.

Der dritte Filter sind *Meinungen und Erwartungen*. Marion und Matthias stellten unterschiedliche Erwartungen an den Abend. Marion freute sich auf eine gemütliche Zeit zu zweit. Matthias erwartete Verständnis und Anerkennung dafür, dass er so lange und hart für seine Familie arbeitete. Unsere Erwartungen beeinflussen nicht nur die Art und Weise, wie wir selbst die Dinge wahrnehmen. Sie haben auch Auswirkungen auf das Verhalten anderer. Als Matthias annahm, dass Marion seine Arbeit nicht anerkannte, versuchte er erst gar nicht, mit ihr zu sprechen. Er ging einfach schlafen. Marion hingegen dachte, Matthias bewerte seine Arbeit höher als die gemeinsame Zeit mit ihr. Daher war sie abweisend und ignorierte ihn. Sie mussten sich über ihre Erwartungen klar werden und darüber sprechen. Tatsächlich war es nämlich so, dass Marion und Matthias viel an ihrer Ehe lag und sie wirklich Zeit miteinander verbringen wollten.

Dieser Filter der Erwartungen traf auch auf unsere Geschichte mit der „vorzüglichen Ente" zu. Ich dachte, Dave hätte die Ente bestellt, um sie mit mir zu teilen. Als er das nicht tat, unterstellte ich ihm sofort Egoismus und Rücksichtslosigkeit, während er lediglich unser Essen genoss.

Der vierte Filter ist die *Unterschiedlichkeit in Empfinden und Prägung*. Unser familiärer Hintergrund ist unterschiedlich. Auch unser Geschlecht sowie Unterschiede in Kultur und Persönlichkeit beeinflussen die Art und Weise der Kommunikation. Marions Vater war jeden Tag um fünf zu Hause, also erwartete sie das auch von Matthias. Matthias' Vater dagegen hatte einen Zwölf-Stunden-Tag und kam selten vor sieben oder acht Uhr abends heim. Daher konnte er Marions Erwartungen auch nicht ansatzweise verstehen.

Welche Filter erkennen Sie bei sich? Wenn Sie es schaffen, die auf die jeweilige Situation zutreffenden Filter zu identifizieren, können Sie viele Missverständnisse vermeiden und dem anderen wirklich zuhören.

... dann reden

Zuhören ist wichtig, aber danach muss auch das Gespräch folgen. Das Neue Testament gibt im Jakobusbrief dazu einen guten Rat: „Denkt daran: Seid immer sofort bereit, jemandem zuzuhören; aber überlegt genau, bevor ihr selbst redet. Und hütet euch vor unkontrolliertem Zorn!" (Jakobus 1,19). Jakobus rät uns, genau zu überlegen, bevor wir reden, aber reden müssen wir. Wenn wir uns vorher überlegen, was wir sagen wollen und gute Kommunikationsregeln einhalten, wird auch der Zorn nicht gleich so hohe Wellen schlagen. Im nächsten Kapitel werden wir uns damit beschäftigen, wie wir den Zorn für uns und nicht gegen uns arbeiten lassen können. Jetzt geht es aber darum, wie wir so miteinander reden können, dass der andere richtig hört und auch versteht, was wir mit unseren Worten ausdrücken wollen.

Vier Kommunikationsstile

Ebenso wie unsere Filter unsere Wahrnehmung dessen beeinflussen, was wir hören, so beeinflusst unser Kommunikationsstil unser Gespräch – und manchmal nicht gerade zum Vorteil. Auch hier gibt es wieder unterschiedliche Stile, von denen einige hilfreicher sind als andere. Vier möchten wir Ihnen vorstellen:

Stil eins: Small-Talk

Small-Talk ist oberflächliche Konversation, z.B. „Hallo, wie geht es dir?", „Was gibt es zum Abendessen?" oder: „Ob es wohl heute noch regnen wird?"

Das ist lediglich Datenaustausch. Nichts Tiefgehendes. Diese Art der Kommunikation ist in Ordnung und gehört zu unseren täglichen Gesprächen dazu. Problematisch wird es, wenn wir nicht darüber hinauskommen. Small-Talk ist eine sichere Sache: Niemand wird verletzt, aber die Gespräche sind oberflächlich.

In unserer Arbeit mit Paaren, die schon sehr lange miteinander verheiratet sind, begegnen uns viele, die nur noch in diesem Stil miteinander sprechen. Die Kinder standen als Puffer zwischen ihnen und einem tief gehenden Gespräch, und Situationen, mit denen sie nicht zurechtkamen, wurden stillschweigend übergangen. Als dann die Kinder aus dem Haus gingen, wurde weiterhin nur über Oberflächliches geredet – das war sicherer. In diesen Beziehungen gibt es wenig Konflikte, aber auch wenig Nähe. Unterhalb der Oberfläche allerdings befindet sich ein Minenfeld, das jeden Moment hochgehen kann – was auch häufig passiert, wenn diese Paare übergehen zu Kommunikationsstil Nummer zwei.

Stil zwei: Angriff

David und Vera Mace, die bei der Verbesserung unseres Eheklimas Pionierarbeit geleistet haben, nannten diesen Stil den Stil mit dem Skorpionstachel. Er verletzt! Wenn wir ihn anwenden, benutzen wir häufig „Du"-Botschaften und stellen „Warum"-Fragen: „Immer denkst du nur an dich." „Warum kannst du nicht anrufen, wenn es später wird?" Wir treffen Feststellungen mit Absolutheitsanspruch: „Du bist immer so rücksichtslos!" Wir greifen den anderen an, ohne überhaupt darüber nachzudenken, was wir da tun. Normalerweise reagieren wir auf Angriff immer mit Verteidigung. Wenn wir diesen negativen Weg des Angriffs einmal beschritten haben, sind Verletzungen und Missverständnisse eine natürliche Folge.

Was kann man tun, wenn man in diesen Kommunikationsstil hineingerutscht ist? Man möchte natürlich so schnell wie möglich da heraus, allerdings fällt es schwer, klar zu denken, wenn man ganz auf Angriff eingestellt ist. In diesem Fall sollten Sie ein Signal vereinbaren, damit der Partner merkt, wenn er oder sie in dieses negative Muster hineingeraten ist. Bei uns ist dieses Signal die Bemerkung: „Au, mich hat etwas gestochen." Dadurch merkt der andere, dass sein Reden als Angriff aufgefasst wurde, egal, ob es in dem Moment so gemeint war oder nicht. Wir können einen Moment innehalten, tief durchatmen und uns neu klar machen, dass wir so nicht miteinander umgehen wollen.

Sie können sich aber auch ein eigenes Signal ausdenken. In einem unserer Seminare kam der Vorschlag: „Rot!" So merkt der andere, dass seine Worte als Angriff aufgefasst wurden. Wir fanden diesen Vorschlag gut, bis ein anderes Ehepaar erzählte, was sie mit diesem Signal erlebt hatten. Sie waren im Auto unterwegs, und sie sagte immer wieder: „Rot!" Ihr Mann überlegte intensiv, was er wohl Verletzendes gesagt haben könnte, und so überfuhren sie beinahe eine rote Ampel. Wir würden also empfehlen, dieses Signal nicht beim Autofahren zu benutzen.

Wenn Sie einander mit Worten angreifen, wollen Sie die Ursache dieses Konfliktes natürlich so schnell wie möglich aus der Welt schaffen. Das geht aber nicht auf Anhieb. Bei uns zumindest nicht. Wenn die Emotionen hochschlagen, ist es schwer, wenn nicht unmöglich, auf einen Kommunikationsstil umzuschalten, der das Problem mit Logik löst. Theoretisch mag das gehen – praktisch nicht. Es ist wie mit der berühmten heißen Kartoffel – man muss sie loslassen und abwarten, bis sie abgekühlt ist. Vielleicht brauchen die Partner eine Auszeit, so wie Kinder das manchmal brauchen, damit sie sich beruhigen können.

Wenn Sie sich dann wieder beruhigt haben, ist der nächste Schritt nicht gleich die Lösung des Problems. Vorher muss eine gründliche Diskussion erfolgen, und das ist unser nächster Kommunikationsstil.

Stil drei: Problemdiskussion

Wenn eine Angelegenheit oder ein Thema besprochen werden muss, das bereits emotional aufgeladen ist, brauchen Sie eine Struktur, mit der Sie positiv an die Sache herangehen und die Auswirkungen von Filtern, nonverbaler Kommunikation und Stimmlage mildern können. Für uns ist dieser wichtige Kommunikationsstil der einzige Weg, mit dem man erfolgreich von Stil zwei zu Stil vier (Problemlösung) wechseln kann. Es kann durchaus sein, dass Sie nach einer intensiven Diskussion des Problems den Schritt der Problemlösung gar nicht mehr brauchen. Forscher sagen, dass 80 Prozent der Probleme, mit denen Ehepaare zu tun haben, gar nicht gelöst werden müssen. Sie müssen nur diskutiert werden, damit man sich über die Gefühle des anderen klar wird. Für diese Diskussion, die Schwerarbeit bedeutet und bei der auch negative Gefühle zur Sprache gebracht werden müssen, brauchen Sie eine Struktur. Wir schlagen dafür zwei verschiedene Methoden vor – den Gebrauch der „Gefühlsformel" und die im nächsten Kapitel vorgestellte Sprecher/Zuhörer-Technik.

Wie redet man über Gefühle?

Die Methode der „Gefühlsformel" lernten wir durch Freunde kennen, und sie hat uns schon oft davor bewahrt, bei Stil zwei stehen zu bleiben. Sie ist einfach und ohne großen Aufwand anzuwenden, klar, und stellt, mit der richtigen Einstellung benutzt, keine Bedrohung dar.

- *„Ich möchte dir sagen, wie ich mich fühle."*

Der erste Teil dieser Formel ist die klare, direkte und ohne Vorwurf vorgebrachte Aussage: „Ich möchte dir sagen, was ich empfinde. Ich fühle mich ..." (Setzen Sie ein, was Ihre Gefühle am besten beschreibt – frustriert, wütend, allein, verletzt, enttäuscht, ärgerlich, glücklich, fröhlich etc.). Beschreiben Sie Ihre Gefühle und Emotionen, ohne den anderen anzugreifen.

Verwechseln Sie aber „Ich fühle mich ..." nicht mit: „Ich glaube ...". Wenn das eine nämlich durch das andere ersetzt wird, ist es kein Gefühl mehr. „Ich empfinde, dass du mich verletzt hast!" drückt zum Beispiel einen Gedanken und ein Urteil aus. In versteckter Form ist das Kommunikationsstil zwei. Viel besser ist es, wenn Sie Ihre Aussage direkt auf sich beziehen und sagen: „Ich fühle mich verletzt, wenn das passiert" oder: „Ich bin verletzt, wenn das passiert."

Vor einigen Jahren nahmen wir an einem Seminar des Autors Gary Smalley teil, bei dem wir einen großartigen Vorschlag für solche Situationen hörten. Er schlug vor, ein Bild zu benutzen, mit dem Ihr Partner Ihre Gefühle besser verstehen kann. Das könnte zum Beispiel so aussehen: „Liebling, weißt du noch, als du so viel Arbeit und Zeit in dieses Projekt investiert hattest? Dein Chef hat es dann einfach beiseite gefegt und deine Mühe nicht ansatzweise gewürdigt. Genauso fühle ich mich, wenn ich stundenlang nach Möglichkeiten für unseren Urlaub suche und du nicht mit mir darüber reden möchtest." Rums! Ihr Partner durchlebt noch einmal seine Gefühle von damals und weiß damit genau, wie es Ihnen geht.

- *„Jetzt sag mir, wie du dich fühlst."*

Nachdem Sie klar und ohne Vorwurf Ihre Gefühle geschildert haben, sagen Sie: „Jetzt sag mir, wie du dich fühlst." Seien Sie bereit zuzuhören und urteilen Sie nicht über die Gefühle Ihres Partners. Denken Sie daran: Es gibt keine richtigen oder falschen Gefühle!

An dieser Stelle meldete sich einer der Seminarteilnehmer zu Wort. „Wie können Sie sagen, es gebe keine richtigen oder falschen Gefühle? Dann könnte ich es mir ja einfach machen und sagen: Ich fühle mich nicht so, als ob ich zur Arbeit gehen sollte; ich fühle mich nicht so, als ob ich ein fürsorglicher Ehepartner sein sollte; ich fühle mich so, als ob ich gern eine Affäre hätte."

Es folgte eine ausgedehnte Diskussion über den Unterschied zwischen Fühlen und Handeln, zwischen Gedanken und wahren Gefühlen. Unter den Seminarteilnehmern entspann sich ein angeregtes Gespräch über die Botschaft hinter der Botschaft. Wir können vielleicht auf eine bestimmte Art fühlen, sagte jemand. Das ist aber keine Entschuldigung für unser Handeln. Niemand würde seine Arbeitsstelle lange behalten, wenn er zu seinem Chef sagte: „Heute fühle ich mich nicht so, als ob ich zur Arbeit kommen sollte."

Vielleicht drückt diese Aussage aber auch etwas ganz anderes aus. Zum Beispiel: Ich bin ausgebrannt, fühle mich ausgenutzt und gelangweilt. Oder beim Thema Seitensprung: Meine Ehe ist langweilig. Ich fühle keine enge Verbindung mehr zu meinem Partner, ich möchte mehr Romantik, mehr Zärtlichkeit, mehr Aufregung.

Jetzt kamen wir allmählich den wahren Gefühlen auf die Spur.

Gefühle sind zerbrechlich. Man muss sie mit Vorsicht behandeln. Wenn wir es aber schaffen, durch gegenseitiges Mitteilen unserer Gefühle zum Kern der Sache vorzudringen, können wir das Problem in Angriff nehmen, statt einander anzugreifen. Das wird unsere Ehe stark machen.

◆ Gefühle zum Ausdruck bringen

Die Paare in jenem Seminar kamen zum Kern der Sache, als ein Teilnehmer äußerte: „Das klingt alles sehr schön, aber ich könnte meine Gefühle gar nicht ausdrücken, selbst wenn ich wollte – ich kenne einfach die passenden Worte nicht. Mein Vater sagte immer nur drei Worte und keines davon beschrieb irgendwie seine Gefühle. Und ich – nun ich bin jemand vom alten Schlag."

Dieser Mann war mit seinem Problem nicht allein. Vielleicht hilft auch Ihnen die folgende Liste von Worten, die Gefühle zum Ausdruck bringen, in diesem Bereich einen Anfang zu wagen.

✒ *Ich fühle mich ...*

❏ verletzt	❏ wütend	❏ frustriert
❏ glücklich	❏ bedroht	❏ einsam
❏ verwirrt	❏ inspiriert	❏ gestresst
❏ geliebt	❏ deprimiert	❏ zuversichtlich
❏ aufgeregt	❏ besorgt	❏ stolz
❏ herabgesetzt	❏ fröhlich	❏ benutzt
❏ friedlich	❏ angegriffen	❏ energiegeladen
❏ irritiert	❏ traurig	❏ hilflos
❏ zufrieden	❏ gut informiert	❏ verantwortlich
❏ überwältigt	❏ ermutigt	❏ reumütig
❏ ausgeschlossen	❏ kaputt	❏ krank
❏ neidisch	❏ gefangen	❏ unterdrückt
❏ fertig gemacht	❏ angespannt	❏ verraten
❏ nervös	❏ entspannt	❏ dumm
❏ dankbar	❏ missbraucht	❏ ängstlich
❏ perplex	❏ missverstanden	❏ allein
❏ unter Druck gesetzt	❏ belastet	❏ furchtsam
❏ optimistisch	❏ pessimistisch	❏ begeistert
❏ am Boden zerstört	❏ empfindungslos	❏ gelangweilt
❏ entmutigt	❏ unbeachtet	❏ zufrieden
❏ unbehaglich	❏ betrogen	❏ peinlich berührt

Was empfinden Sie angesichts dieser Liste und der Wörter, die sie enthält? Wären Sie bereit, die Gefühlsformel einzusetzen? Gibt es Bereiche, über die Sie nicht gerne mit Ihrem Partner sprechen? Manchmal ist es hilfreich, seine Gefühle schriftlich festzuhalten. Versuchen Sie es mit der Gefühlsformel und sagen Sie Ihrem Partner ehrlich, was Sie fühlen, ohne ihn anzugreifen oder ihm die Schuld zu geben. Geben Sie ihm zu lesen, was Sie aufgeschrieben haben, und bitten Sie ihn um eine Stellungnahme. Hören Sie dann genau zu und versuchen Sie, die wahren Gefühle Ihres Partners zu verstehen.

Vielleicht ist in Ihrer Ehe Geldverschwendung ein Problem. Sie befürchten finanzielle Schwierigkeiten, möchten darüber sprechen und eine Lösung finden. Denken Sie daran, dass Ihre unnützen Geldausgaben und Ihre Angst vor finanziellen Schwierigkeiten die Probleme sind, die Sie angehen wollen. Sie könnten zum Beispiel aufschreiben: „Ich bin besorgt und habe Angst, wenn wir unser Budget überschreiten und Geld ausgeben, ohne an die Konsequenzen zu denken." Egal, wie Sie es formulieren, der Angriff gilt immer dem Problem, nie dem Partner!

Zu schwer?

Aus einem unserer Seminarteilnehmer brach es heraus: „Das ist einfach zu schwer. Seit über fünfzig Jahren bin ich, wie ich bin, und ich werde mich jetzt nicht mehr verändern. Außerdem erscheint mir das unecht und unnatürlich." Vielleicht geht es Ihnen genauso.

Wir können das gut verstehen, denn auch wir hatten Schwierigkeiten damit. Klare Kommunikation ist harte Arbeit! Es fällt schwer, dem anderen die wahren Gefühle mitzuteilen. Wie wird der Partner mit diesen Informationen umgehen? Als wir damit anfingen, war es für mich einfacher als für Dave. Wenn ich sagte, wie ich mich wirklich fühlte, erwiderte Dave: „Warum fühlst du so? Es gibt keinen Grund dazu." Oder: „Kein vernünftiger Mensch würde so empfinden!" Wir mussten uns in Erinnerung rufen, dass es keine richtigen oder falschen Gefühle gibt. Damit wir ein funktionierendes Kommunikationssystem entwickeln konnten, war es einfach wichtig zu wissen, was der andere empfand.

Stil vier: Problemlösung

Wenn erst einmal klar ist, wo das Problem liegt und was der andere empfindet, kann man an die Lösung gehen. Wir sagten bereits weiter oben, dass die meisten Probleme keine Lösung brauchen. Wir müssen einander lediglich verstehen. Es gibt aber auch immer wiederkehrende Probleme, die nicht zu lösen sind! Dave wird auch weiterhin nachts schnarchen, und ich werde weiterhin keinen makellos aufgeräumten Schreibtisch haben! Bei einer gesunden Kommunikation ist es ganz wichtig zu unterscheiden, welche Probleme gelöst werden können und mit welchen man sich schlicht und einfach abfinden muss!

Für Probleme jedoch, die ohne Lösung nicht auskommen, bietet Kommunikationsstil vier drei Lösungswege an. Sie können Ihrer Ehe ein Geschenk machen, wenn Sie einen der drei beschreiten:

1. Das Geschenk der Liebe. Das Problem, das es zu lösen gilt, ist für Ihren Partner wichtiger als für Sie, und so kommen Sie ihm mit einem Geschenk der Liebe entgegen: „Wir machen es diesmal so, wie du es möchtest." Aber Achtung: Wenn der eine immer nur gibt und der andere immer nur nimmt, müssen Sie Ihren Ansatz zur Problemlösung neu überdenken.

2. Das Geschenk der Individualität. Sie müssen nicht in allen Punkten einer Meinung sein. Unsere Ehe wäre langweilig, hätten wir nicht unterschiedliche Meinungen. Manchmal geht es einfach nur darum, die Einzigartigkeit des anderen zu akzeptieren.

3. Das Geschenk der Kompromissfindung. Dabei trägt jeder seinen Teil zur Lösung des Problems bei, sodass beide Partner damit leben können.

Diese drei Geschenke werden uns im nächsten Kapitel wieder begegnen, wenn es darum geht, Wut und Konflikte konstruktiv zu nutzen, damit die Liebesbeziehung davon profitieren kann. Jetzt wollen wir aber zunächst berichten, wie wir an einem einzigen Tag durch alle vier Kommunikationsstile gingen.

Das Erdbeerbeet

Es war einer dieser sonnigen, mal nicht verregneten Samstage, an denen der Garten förmlich nach etwas Aufmerksamkeit schrie. Wir haben noch nicht erwähnt, dass keiner von uns begeisterter Gärtner ist, aber „Gartenarbeit" war irgendwie auf Daves Aufgabenliste gelandet. Sie können sich sicherlich meine Überraschung vorstellen, als Dave an diesem wunderschönen Samstag verkündete: „Heute werde ich mal ein wenig im Garten arbeiten."

Stil eins: Für uns war Small-Talk angesagt, und so verbrachten wir unser Frühstück mit eher leichter Konversation. Ich wollte den Gärtner nicht von der Arbeit abhalten, also ging ich ins Arbeitszimmer, um an einem Buch weiterzuarbeiten, und Dave steuerte den Garten an, der wirklich dringend etwas Pflege brauchte.

Am späten Nachmittag kam er wieder ins Haus – schmutzig, müde, zerschlagen. Er hatte den ganzen Tag geschuftet, und ich sollte nun hinauskommen und ihn loben.

Bei unserem Rundgang zeigte sich der Garten tatsächlich völlig verändert. Unerwünschtes Unkraut war verschwunden, und der frisch gemähte Rasen breitete sich wie ein grüner Teppich vor uns aus! Die fachmännisch beschnittenen Sträucher machten zusammen mit dem ebenfalls von Unkraut befreiten Weg einen guten Eindruck – alles war wunderbar, bis wir auf die Seite des Hauses kamen, auf der mein Erdbeerbeet liegt. Ich muss dazu sagen, dass es ein gutes Erbeerjahr zu werden versprach, und ich hatte schon alle möglichen Erbeerrezepte im Kopf, mit denen ich unser Leben versüßen wollte.

Als ich mein Beet betrachtete, explodierte ich förmlich, ganz nach Kommunikationsstil zwei: „Wo sind meine Erbeerpflanzen? Was hast du gemacht?" Dave hatte aus Versehen alle bereits kultivierten Pflanzen herausgerissen und nur die Wildtriebe übrig gelassen, die eigentlich herausgerissen werden sollten. Ich schimpfte weiter: „Dave, du hast meine Erdbeeren ruiniert! All die Arbeit, die da drin steckte. Ich kann es nicht fassen, dass du nicht wenigstens gefragt hast, was heraus muss und was nicht." Ich machte meinem Ärger ausführlich Luft.

Dave, der in diesem Moment wünschte, er hätte den Garten im letzten Jahr komplett einbetoniert, erwiderte: „Aber die Wildtriebe trugen schon kleine Erdbeeren. Woher soll ich denn wissen, welches die echten

Pflanzen sind? Warum lobst du nicht das, was ich ansonsten richtig gemacht habe? Und überhaupt – ich bin nicht dein Gärtner. Nächstes Mal kannst du das selber machen!"

Nun hat man gewisse Vorteile, wenn man Eheberater ist. Einer davon ist, dass in bestimmten Situationen eine innere Alarmglocke schrillt. Wir erkennen dadurch, was wir falsch machen, und wissen vor allem, wie es besser geht. Wir merkten schnell, dass wir uns momentan im Kommunikationsstil Angriff befanden, und uns lag viel daran, dort so schnell wie nur möglich herauszukommen. Wir sagten Dinge, die uns Leid taten, und ich machte den ersten Schritt zur Versöhnung. „Dave, es tut mir Leid, dass ich dich so angegriffen habe. Ich bin einfach so entmutigt und enttäuscht wegen der Erdbeeren. Ich habe hier so viel Arbeit investiert und bin jetzt völlig frustriert. Ich weiß ja, dass du die Pflanzen nicht absichtlich herausgerissen hast."

Dave antwortete: „Ich bin auch frustriert. Ich hab den ganzen Tag im Garten gearbeitet, mir tut alles weh, ich bin müde und muss jetzt feststellen, dass ich einen Fehler gemacht habe. Die Wildtriebe trugen wirklich kleine Erdbeeren. Es tut mir ehrlich Leid!"

Durch Kommunikationsstil drei konnten wir uns beruhigen und mit der Diskussion des Problems beginnen. Unser Blick fiel dabei auf die Erdbeerpflanzen, die Daves Wüten zum Opfer gefallen waren. Sie lagen in der Einfahrt. Sie waren das eigentliche Problem, also konzentrierten wir uns darauf. Jetzt konnten wir übergehen zu Kommunikationsstil vier – Problemlösung. Wir dachten kreativ, und Dave machte den wunderbaren Vorschlag, die Pflanzen wieder einzusetzen.

Meine unmittelbare Reaktion war: „Das klappt nie!" Aber schließlich taten wir genau das. Wir rissen die wilden Triebe heraus, um Platz zu schaffen für die anderen Pflanzen. Bevor es dunkel wurde, waren meine Pflanzen wieder in der Erde und unsere Ehe gerettet. Wir hatten in dem Jahr eine reiche Ernte, und ich konnte all die schönen Rezepte ausprobieren, die ich mir schon vorher überlegt hatte. Und das Beste daran – wir hatten ein wirklich funktionierendes Kommunikationssystem.

Im darauffolgenden Jahr stutzte Dave meine Brombeerbüsche – aber darauf wollen wir hier nicht weiter eingehen. Fest steht nur, dass Kommunikation eine nie endende Herausforderung ist. Wenn Sie sich aber für die hilfreichen Stile entscheiden, können Sie echte Kommunikation lernen!

Fünf Kommunikationstipps für Ehepartner

Einige einfache Tipps können die Qualität Ihrer Beziehung drastisch verändern.

1. Beginnen Sie Ihre Sätze mit „Ich" und lassen Sie Ihre eigene Aussage auf sich wirken. Beispiel: „Ich bin gerade wirklich müde und frustriert. Das Baby war den ganzen Tag nervig. Ich brauche jetzt etwas Liebe und Ermutigung. Kannst du mich in den Arm nehmen?"

2. Vermeiden Sie Aussagen, die mit „Du" beginnen – sie sind meist als Angriff gemeint. Vermeiden Sie z. B. Sätze wie diese: „Du bist so rücksichtslos. Kannst du denn dein schmutziges Geschirr noch nicht einmal in die Spüle stellen?"

3. Stellen Sie keine „Warum"-Fragen. Auch sie sind meist als Angriff gemeint. Halten Sie inne und formulieren Sie Ihre Frage neu.

4. Lassen Sie Pauschalaussagen wie „nie" und „immer". Sie bringen nur Ärger ein.

5. Klammern Sie in Ihrer Kommunikation Angriff und Verteidigung aus. Diese einfache Vereinbarung kann dazu beitragen, Ihre Beziehung entwicklungsfähig und gesund zu erhalten und spart eine Menge an emotionaler Energie.

Sie haben die Wahl

Übung drei: Erst hören, dann reden

1. Über welche Themen fällt es Ihnen leicht, mit Ihrem Partner zu sprechen?

2. Welche Themen sind schwieriger anzugehen?

3. Welche(n) Kommunikationsstil(e) benutzen Sie am häufigsten?

4. Welchen Kommunikationsstil würden Sie gerne öfter benutzen?

5. Fällt es Ihnen schwer, Ihre Gefühle angemessen auszudrücken? Wenn ja, erstellen Sie eine Liste mit Worten, die Gefühle beschreiben und die Ihnen dabei helfen kann.

6. Üben Sie den Gebrauch der Gefühlsformel mit Ihrem Partner ein.

„Ich möchte dir sagen, was ich empfinde. Ich fühle mich ..."

„Jetzt sag mir, wie du dich fühlst." (Hier auch wirklich zuhören!)

Entscheidung vier

Wenn wir streiten, streiten wir fair

Ruth und Martin betrachteten ihre Ehe als zweite Chance zum Eheglück. Sie wollten unbedingt die Fehler vermeiden, an denen ihre ersten Ehen gescheitert waren. Dieses Mal würden sie alles richtig machen. Sie sprachen allerdings nicht darüber, wie sie mit Konflikten und Wut umgehen wollten. So waren beide überrascht, als der erste Frust aufkam, der sich in Wut und lautstarken Wortgefechten ausdrückte.

Vor ihrer Heirat waren beide voll berufstätig gewesen und beide hatten schon einige Stufen der Karriereleiter erklommen. Nach der Eheschließung beschloss Ruth, ihre Stelle an der Universität um einige Stunden zu reduzieren, damit sie mehr in die Beziehung zu Martin investieren konnte. Martin hatte aus erster Ehe zwei Söhne, die bei der Mutter lebten, Ruths zehnjährige Tochter Nadine lebte bei ihnen. Ruth freute sich darauf, mehr Zeit mit Nadine zu verbringen und ein ruhigeres Leben zu führen als vorher. Und sie hatte tatsächlich dieses ruhigere Leben – immer genau so lange, bis Martin abends nach Hause kam.

Martin war Perfektionist, in seinem Beruf als Buchhalter genauso wie im Privatleben. Wenn zu Hause nicht alles perfekt war, nahm er an, dass Ruth sich mal wieder einen faulen Tag gemacht hatte – schließlich war sie schon einige Stunden vor ihm da. Er erwartete nach der Arbeit einfach eine warme Mahlzeit und ein gut aufgeräumtes Haus und nicht einen Zettel, auf dem stand: Reste sind im Kühlschrank. Ich bin mit Nadine unterwegs. Liebe Grüße, Ruth.

„Ich arbeite jeden Tag sehr hart für uns," sagte Martin. „Das Mindeste, was Ruth tun könnte, ist, sich um die Wohnung und alles andere zu kümmern – wenn ich schon viel länger arbeite als sie. So, wie es jetzt läuft, ist es nicht fair, und ich werde das auf Dauer nicht mitmachen!"

Wenn er dann seinen Ärger über Ruth ausschüttete, heizte er damit ihren eigenen Frust nur noch an. Sie genoss es, dass sie ihre Arbeitszeit in der Forschungsabteilung der Universität reduziert hatte, genoss das entspanntere Leben, das sie dadurch hatte, aber schließlich verbrachte sie ihre freie Zeit nicht vor dem Fernseher. Ihre Reaktion? „Wenn Martin explodierte, konnte ich mich auch nicht zurückhalten. Ich hielt ihm vor, dass seine erste Ehe gescheitert war, und fragte ihn, mit welcher Berechtigung denn bitte immer alles nach seiner Nase zu gehen hatte. Die Situation verschlechterte sich. Ich fühlte mich zurückversetzt in die Verletzungen und den Frust meiner ersten Ehe und stellte ihn schließlich vor die Wahl: Entweder du lernst, mit deiner Wut zurechtzukommen oder du kannst gehen."

„Das hat mich dann wachgerüttelt," so Martin. „Mein Vater hat auch immer bei der Familie Dampf abgelassen. Von ihm übernahm ich meine Rollenvorstellung eines Ehemanns, daher war Explodieren für mich der einzig bekannte Weg, um Frust abzubauen. Meine Mutter erzählte mir einmal, dass ich schon als Kind so war, besonders, wenn es nicht nach meiner Nase ging. Diese Ehe ging nun ganz und gar nicht in die Richtung, die ich mir vorgestellt hatte. Aber ich liebte Ruth, und ich wollte kein zweites Mal scheitern."

„Von diesem Zeitpunkt an," ergänzte Ruth, „bekamen wir Hilfe von einem anderen Ehepaar und lernten, wie wir unsere Wut ausdrücken konnten, ohne den anderen anzugreifen. Martin musste sich bewusst dafür entscheiden, nicht mehr zu explodieren, ich musste mich dafür entscheiden, ihm nicht mehr die Vergangenheit vorzuhalten. Nicht, dass uns diese Entscheidungen leicht fielen – aber wir wussten, sie waren notwendig, und es lag an uns, sie zu treffen.

Unsere Freunde schlugen uns vor, einen Vertrag zu schließen, der uns davon abhielt, mit unfairen Mitteln zu kämpfen. Keine Beleidigungen, kein Schreien und keine verletzenden Aussagen. Da wir nur allzu gut um unsere Schwächen wussten, bauten wir ein Alarmsystem ein. Wenn einer durch unangemessene Reaktionen den Vertrag bricht – gibt der andere ein Warnsignal. Meist schaffen wir es jetzt, eine Eskalation der Dinge zu vermeiden und einen Streit mit fairen Mitteln auszutragen. Wenn aber der Vertrag doch gebrochen wird, hat das Konsequenzen. Der Schuldige muss dann für ein paar Stunden dem anderen alle Wünsche erfüllen."

Martin schmunzelte. „Deswegen sind normalerweise der Küchenfußboden und die Toiletten sehr sauber."

Wir lächelten, und uns wurde klar, dass die beiden noch ein weiteres Geheimnis der Ehe entdeckt hatten. Nie den Sinn für Humor verlieren und nicht zulassen, dass man sich als Gegner gegenübersteht.

Streiten ja – aber fair

Es gibt wohl kaum ein Paar, bei dem es nicht immer wieder einmal Wut und Meinungsverschiedenheiten gibt. Der Schlüssel aber liegt darin zu lernen, wie man fair streiten und seine Wut so verarbeiten kann, dass Energie freigesetzt wird, die in den Aufbau der Beziehung einfließen kann. Martin und Ruth haben es gelernt. Warum sollten Sie es nicht lernen?

In diesem Kapitel geht es darum, wie Sie ein Abkommen über den Umgang mit Ärger, Wut und Zorn schließen können, das Ihnen hilft, mit negativen und aggressiven Gefühlen fertig zu werden. Es stellt einen Weg dar, mit dem Sie in schwierigen und stressigen Diskussionen sachlich bleiben können. Und schließlich werden wir uns anschauen, welche Probleme lösbar sind und welche nicht, und wie Sie mit beiden Möglichkeiten konstruktiv umgehen können.

Aggression verarbeiten lernen

Niemand heiratet, um auf den Partner wütend zu sein. Ganz im Gegenteil. In den rosaroten Wolken des Verliebtseins haben künftige Konflikte keinen Raum. Darum kann man mit frisch verliebten Paaren nur sehr schwer über den Umgang mit Wut und Konflikten sprechen. Sie wissen genau, dass sie die Ausnahme sind. Um aber in der Ehe überleben zu können, müssen sie lernen, mit Meinungsverschiedenheiten zurechtzukommen. Dazu gehört, dass man eine „Streitkultur" einübt und sich auf faire Mittel einigt. Glücklicherweise kann jeder lernen, mit Konflikten, Aggression und Ärger so umzugehen, dass die Beziehung gestärkt wird. Aber auch dazu bedarf es – Sie ahnen es bereits – einer bewussten Entscheidung.

Das größte Problem in Beziehungen ist in der Regel nicht Mangel an Kommunikation, sondern die Unfähigkeit eines oder beider Partner, mit Wut umzugehen und sie zu verarbeiten.[4] Wenn wir unsere negativen Gefühle nicht bewusst verarbeiten, werden wir mit der Zeit in einem Teufelskreis aus Liebe und Zorn gefangen.

Der Liebe-Zorn-Kreislauf

Erinnern Sie sich daran, wie Ihre Beziehung vor Ihrer Heirat aussah. Vermutlich gab es viel Raum zwischen Ihnen. Jedenfalls war es bei uns so. Wir wollten ständig zusammen sein, aber es ging nicht! Wir wohnten in verschiedenen Städten. Wenn wir zusammen waren und es wirklich einmal zum Streit kam, fuhr einfach jeder nach Hause und beruhigte sich wieder.

Nach unserer Heirat war der Freiraum dann nicht mehr so groß, und es ergaben sich öfter Meinungsverschiedenheiten. Wir waren zwar entschlossen, sie beizulegen, aber wir konnten nicht immer eine Lösung finden. Und es gab natürlich nicht mehr die Möglichkeit, nach Hause zu fahren und sich zu beruhigen – wir waren ja schließlich zu Hause! Also zog sich jeder von uns zurück und ließ dem anderen mehr emotionalen Freiraum.

Das war aber eigentlich nicht das, was wir für unsere Ehe wollten. Wir wollten Vertrautheit und Nähe, also gingen wir wieder aufeinander zu. Das Resultat war, dass wieder die Fetzen flogen. Wir bewegten uns zunehmend in einem Kreislauf aus Liebe und Zorn, und zwischen uns wuchsen Mauern. Außerdem wurde unsere Liste „Worüber wir besser nicht sprechen" immer länger. Damals konnten wir von Nähe, Vertrautheit und Intimität nur träumen.

Kennen Sie ähnliche Erfahrungen bei sich? Vielleicht bewegen Sie sich ebenfalls in einem Liebe-Zorn-Kreislauf, den Sie gerne durchbrechen möchten. Die gute Nachricht ist: Vertrautheit kann wieder wachsen, wenn Sie das Risiko auf sich nehmen, Ihren Ärger zu verarbeiten und den Problemen offen ins Gesicht zu sehen. Überlegen Sie einmal, wie Sie momentan mit Ärger und Zorn umgehen.

Konfliktstrategien

Wir sagen das nur ungern, aber manchmal ähnelt unsere automatische Reaktion der unserer Freunde aus dem Tierreich. Fühlen Sie sich vielleicht einer der nachfolgend beschriebenen Spezies verwandt?

Die Schildkröte – Der Konfliktmuffel

Bei uns ist Dave die Schildkröte. Bei Konflikten reagiert er normalerweise mit Rückzug. Er verschanzt sich in seinen Panzer, solange der Konflikt dauert. Ich dagegen bin durchaus auch mal für lautstarke Wortgefechte zu haben, aber mein Anklopfen an Daves Panzer hat keinen Erfolg.

Sind Sie eine Schildkröte? Ziehen Sie sich bei Konflikten normalerweise zurück? Sie können das körperlich tun, indem Sie aufstehen und das Zimmer verlassen. Oder emotional, indem Sie den Partner praktisch kaltstellen. Vielleicht haben Sie die Hoffnung auf Erfolg aufgegeben, also wozu noch diskutieren? Hier ist aber Vorsicht geboten: Rückzug ist der beste Weg, die Beziehung auf Eis zu legen, eine Lösung zu verhindern und Distanz aufzubauen.

Das Stinktier – Der Angreifer

Sind Sie vielleicht ein Stinktier? Es ist Meister im Sarkasmus und kann meisterhaft mit Worten umgehen. Lieber soll der andere schlecht aussehen, als dass das Stinktier sich mit persönlichen Verletzungen auseinander setzt.

Hier fühle ich (Claudia) mich angesprochen. Ich greife von Natur aus schneller an und setze gegen Dave meine Stinkdrüse ein. Meine Gedanken kreisen um Daves Fehler, was er getan oder nicht getan hat, und nicht um meine eigene Verantwortung.

In den vielen Jahren unserer Arbeit mit Paaren ist uns aufgefallen, dass viele Schildkröten mit Stinktieren verheiratet sind. Wir haben sogar eine neue Art entdeckt – die Stinkkröte. Diese Kombination von Stinktier und Schildkröte handhabt Konflikte, indem sie den anderen angreift und sich dann in ihren Panzer zurückzieht!

Das Chamäleon – Der Anpasser

Das Chamäleon wechselt die Farbe, um seine Umgebung zu täuschen und so Konflikte zu vermeiden. Egal, welche Meinung vertreten wird –

es stimmt zu. In einer ruhigen Gruppe ist es ruhig, in einer lauten laut. Sein Wunsch nach Anpassung und Angenommensein hindert es daran, seine eigene Meinung zu äußern. Bei auftauchenden Konflikten wird es immer mit der Masse gehen.

Chamäleons sind oft Menschen, die den Partner oder die Partnerin nach 30 gemeinsamen Jahren verlassen – 30 Jahre, in denen sie immer „nachgegeben" haben. Niemand kann nachvollziehen, was letztendlich zu dem Entschluss geführt hat, denn die Anpassung war immer überzeugend.

Die Eule – Der Intellektuelle

Genau wie die Schildkröte vermeidet auch die Eule Konflikte, allerdings mit anderen Methoden. Sie zieht die Dinge auf die intellektuelle Schiene, ganz nach dem Motto: „Bloß keine Gefühle zeigen!" Bei Diskussionen von anstehenden Problemen geht es ihr einzig und allein um Tatsachen, Tatsachen, Tatsachen!

Der Gorilla – Der Sieger

Der Gorilla muss unter allen Umständen gewinnen. Als Waffen benutzt er dabei Manipulation und Einschüchterung. Im tiefsten Inneren ist er sehr unsicher und möchte immer gut dastehen – egal zu welchem Preis. Er speichert alle Verletzungen und Fehler des anderen und holt sie bei passender Gelegenheit wieder hervor. Am liebsten spricht er darüber, was alles falsch läuft und warum er immer Recht hat!

Wir werden nie das Seminar vergessen, bei dem sich einer der Teilnehmer als echter Gorilla entpuppte. Jede Einheit war ein Kampf, weil Georg uns ständig unterbrach, um zu sagen, was wir alles falsch machten – beziehungsweise, wie wir es besser machen könnten, wenn wir nur auf ihn hörten. Seiner Frau fiel er häufig mit verletzenden Bemerkungen ins Wort. Die Teilnehmer selber sorgten für eine Lösung des Problems. Während einer Pause brachten ein paar Männer einige Bananen für Georg, den Gorilla. Er hatte die Botschaft verstanden! Wurde es danach besser? Nicht wirklich, aber er bemühte sich, sein Verhalten zu ändern.

Und Sie?

Vielleicht haben Sie sich in einem der vorgestellten Typen wiedererkannt? Oder auch in mehreren – denn je nach Problem und Tagesform reagieren wir unterschiedlich. Welche Dinge werden in Ihrer Beziehung immer wieder zum Problem? Manchmal streiten wir über Lappalien, die uns vielleicht verwirren.

▸ Sie mögen tropische Temperaturen im Haus, Ihr Partner könnte auch im Kühlschrank wohnen!
▸ Sie sind von Natur aus Pessimist, Ihr Partner Optimist.
▸ Sie wickeln das Toilettenpapier am liebsten von oben ab, Ihr Partner lieber von unten.
▸ Sie sind stets fünf Minuten vor der Zeit an Ort und Stelle – Ihr Partner kommt immer zu spät.
▸ Sie mögen es, wenn das Haus „bewohnt" aussieht – Ihr Partner richtet die Zeitschriften auf dem entsprechenden Tischchen haargenau im Neunzig-Grad-Winkel aus.
▸ Sie rollen die Senftube ordentlich von unten auf – Ihr Partner steht mehr auf kreatives Ausquetschen.

Wenn Streit sich bei Ihnen nicht an Kleinigkeiten entzündet, dann vielleicht an Themen wie Geld, Kinder, Sex, die liebe Schwiegermutter, Prioritäten oder Zeitplanung. Wo entstehen bei Ihnen Konflikte? Natürlich kann unsere Liste nicht vollständig sein. Wir möchten zeigen, wie man Probleme löst, nicht, wie man eine Liste darüber anfertigt. Oder anders gesagt: Wir möchten Ihnen eine Methode zur Lösung der Probleme an die Hand geben, die in Ihrer Beziehung tatsächlich anfallen.

Vielleicht sind Sie sich auch über das Problem im Klaren, aber Sie haben schon so viel darüber diskutiert, dass Sie einfach keine Lust mehr haben. Wir kennen diese Situationen, in denen wir fast einen Schreikrampf kriegen, wenn der andere eine bestimmte Sache zur Sprache bringt. Jeder äußert von Zeit zu Zeit negative Gefühle, aber wenn wir hier die Grenze und das Maß nicht kennen, erleben wir das, was Psychologen auch als „Systemüberlastung" oder „Überflutung" bezeichnet. Man fühlt sich überfordert und geht sofort in Verteidigungsposition. Männer reagieren empfindlicher auf Stress und fühlen sich leichter überfordert als Frauen. Das erklärt vielleicht, warum so viele Männer mauern.[5]

Manchmal müssen sich die Dinge erst beruhigen. Sie müssen das „heiße Eisen" fallen lassen, damit es abkühlen kann. Wenn wir uns kopfüber in eine hitzige Debatte stürzen, verlieren wir die Orientierung, greifen einander an und verschlechtern nur die Situation – egal, worum es geht.

Der Begriff des Abkühlens hat nicht nur die sprachliche Dimension. Es gibt auch körperliche Symptome der „Überflutung". Man hat Schwierigkeiten beim Atmen oder hält die Luft an, die Muskeln verkrampfen sich, das Herz schlägt schneller. Diese Symptome gibt es sowohl bei Frauen wie bei Männern, wobei sie bei der Frau normalerweise schneller wieder abklingen. Für Frauen gilt also der Tipp: Lassen Sie Ihrem Mann genügend Zeit zum Abkühlen, bevor Sie die Diskussion wieder aufnehmen.[6]

Ärger und Zorn einschätzen und ausdrücken

Erinnern Sie sich an das letzte Mal, als Sie der Ärger gepackt hat? Wie ging es Ihnen dabei? Fühlten Sie sich missverstanden? Ängstlich? Frustriert? Fallen gelassen? Einsam?

Wie verhalten Sie sich, wenn Sie wütend sind? Wir erinnern uns immer noch ganz genau, wie ich im ersten Jahr unserer Ehe ein Stück Kernseife nach David warf. (Und die ist hart – die Sorte gibt es heute gar nicht mehr – wahrscheinlich war sie einfach zu gefährlich!)

Wenn die Schildkröte wütend wird, zieht sie sich zurück; das Stinktier greift an; das Chamäleon passt sich an; die Eule zieht es auf die Schiene des Intellekts und der Gorilla muss unbedingt gewinnen.

Das Nachdenken über eine angemessenere Reaktion auf unseren Ärger ist hilfreich, man sollte sich aber nicht der Seminarteilnehmerin anschließen, die sagte: „Um ehrlich zu sein: Ich könnte ihn umbringen!" Gehen Sie folgende Liste durch und überlegen Sie sich passende Aussagen:

❏ Ich wünschte, ich könnte die „heiße Kartoffel" fallen lassen, damit sie abkühlt.
❏ Ich wünschte, ich könnte erkennen, wenn ich mich in Kommunikationsstil zwei befinde, und schnell in einen anderen Stil wechseln.
❏ Ich wünschte, mein Zorn würde nicht so eskalieren.
❏ Ich wünsche, wir könnten den Konflikt gemeinsam lösen und wieder zu Nähe und Vertrautheit zurückfinden.
❏ Ich wünschte, _____

_____

_____

An dieser Stelle eine gute Nachricht: Es gibt Hoffnung. Sie können jeden der angegebenen Punkte erreichen. Zunächst aber müssen Sie sich mit den negativen Gefühlen auseinander setzen. Erinnern Sie sich an die Gefühlsformel in Kapitel drei? Man kann negative Gefühle auf positive Art und Weise mitteilen. Unsere Mentoren David und Vera Mace haben uns geraten, ein Ärger-und-Zorn-Abkommen zu schließen – ähnlich dem von Ruth und Martin. Lesen Sie es einmal durch. Vielleicht übernehmen und benutzen Sie es beim nächsten Anzeichen von Wut.

ÄRGER-UND-ZORN-ABKOMMEN

Wenn einer von uns beiden wütend wird ...
1. werden wir dem anderen so schnell wie möglich von dieser Wut erzählen.
2. werden wir unsere Wut nicht am anderen auslassen.
3. werden wir den anderen bitten, beim Umgang mit der Wut zu helfen.

Wir gehen immer folgendermaßen vor: Beim ersten Anzeichen von Ärger oder Wut sagen wir dem anderen Bescheid. Sonst pflegen wir vielleicht unsere negative Stimmung, und unser Partner merkt gar nichts davon!

Sie könnten zum Beispiel sagen: „Liebling, ich merke, dass ich wütend auf dich werde, wir haben aber vereinbart, dass wir einander nicht angreifen. Könnten wir bitte über die Ursache meiner Wut sprechen und versuchen, sie in den Griff zu bekommen?"

Würde nicht jeder einigermaßen normale Mensch darauf eingehen? Insbesondere, wenn Sie auch den zweiten Punkt vereinbart haben, dass Zorn und Frust nicht am anderen ausgelassen werden? So schaffen Sie eine Atmosphäre der Sicherheit, in der Gefühle geäußert werden und die Partner einander zuhören können. Keiner greift den anderen an.

Wenn der Ärger sich aufgelöst hat, können Sie die Ursache diskutieren, und hier kommt Punkt drei des Vertrages ins Spiel. Wir versuchen, einander in der Situation zu helfen, die Ärger oder Wut ausgelöst hat. Oft entsteht nämlich Stress nicht durch ein Problem, das gelöst werden muss, sondern durch die aggressiven oder frustrierten Gefühle, die dahinter stehen.

Nur wenn Sie sich zuerst mit Ihren Gefühlen auseinander setzen, können Sie auch effektiv das Problem angehen. Wenn Sie wirklich verstehen, welche Gefühle bei einer bestimmten Sache für Ihren Partner eine Rolle spielen, können Sie sich darauf konzentrieren und müssen nicht bei Angriffen oder Vorwürfen stehen bleiben. Das macht einen großen Unterschied, wenn dann schließlich eine Lösung für das Problem gesucht wird.

Die Sprecher/Zuhörer-Technik

Für uns liegt der Schlüssel im Umgang mit Zorn und Meinungsverschiedenheiten nicht in der Sache, über die wir uns streiten. Es muss vielmehr ein Weg gefunden werden, mit dem beide Partner diese Sache vom gleichen Standpunkt aus betrachten können. Machen Sie sich klar, dass Sie im selben Team miteinander sind. Wenn es Probleme gibt, können Sie wählen. Entweder Sie arbeiten gemeinsam an dem Problem oder Sie arbeiten gegeneinander.[7]

In Kapitel drei wurde schon gesagt, dass Ihre Zusammenarbeit als „Beziehungsteam" viel einfacher wird, wenn Sie lernen, Ihre wahren Gefühle auszudrücken und die Ihres Partners zu verstehen. Dann müssen Sie nur noch so lange miteinander sprechen, bis das Problem von beiden Seiten verstanden wurde.

Bitte immer nur ein Fenster auf einmal öffnen!

Dieses intensive Reden ist der schwierige Teil. Wenn wir früher versuchten, ein heikles Thema zu diskutieren, kamen oft noch andere Probleme ans Tageslicht, und bevor wir uns versahen, waren wir noch wütender aufeinander als am Anfang der Diskussion. Wenn man dazu neigt, abzuschweifen oder zwanzig Dinge auf einmal zu besprechen, ist die Diskussion über ein Problem schwierig. Das ist wie mit dem Computer. Wenn Sie mit dem Softwareprogramm von Windows vertraut sind, wissen Sie, dass Sie immer nur ein Fenster öffnen können. Danach können noch weitere Fenster geöffnet werden, aber im Handumdrehen ist Ihr Computer mit geöffneten Fenstern überlastet, und es erscheint dieses kleine Kästchen, in dem so unangenehme Dinge stehen wie: „Die Anwendung wird aufgrund eines ungültigen Vorgangs beendet" oder der Bildschirm wird einfach schwarz und Ihr Computer ist abgestürzt. Keine Taste lässt sich mehr betätigen, und Sie haben nichts als Schwierigkeiten!

Dasselbe passiert, wenn wir bei der Diskussion eines Problems noch andere Dinge auf den Tisch bringen. Es ist einfach besser, wenn Sie bei einer Sache bleiben, bis beide Partner verstanden haben, wie der andere dabei fühlt. Bleiben Sie im selben Fenster, ohne noch andere zu öffnen. Sonst gibt es möglicherweise einen Kommunikations-Absturz.

Rederecht einführen

Ein Hilfsgerüst dazu, „in einem Fenster zu bleiben", ist die Sprecher/Zuhörer-Technik.[8] Dabei geht es darum, in Streit-Situationen das Rederecht zu teilen.

Sie können beliebige Gegenstände benutzen, die anzeigen, wer gerade das Rederecht hat – einen Bleistift, Ihre Brille, ein Glas. Und so funktioniert diese Technik: Die Person mit dem Gegenstand in der Hand redet. Der andere ist der Zuhörer. Als Ziel soll erreicht werden, dass das Problem fair diskutiert wird und Gefühle und Sichtweisen von beiden gegenseitig verstanden werden.

Diese Methode bietet eine Chance, heikle und emotionsgeladene Themen wie in einer Sicherheitszone zu diskutieren. Sie gibt der Diskussion eine Struktur und unterstützt die Gesprächspartner darin, bei einem Thema zu bleiben und klar und verständlich zu sagen, was sie fühlen, ohne den anderen anzugreifen. Sicher, anfangs mag das komisch und etwas gekünstelt wirken – aber es funktioniert, weil Sie sich an bestimmte Regeln halten. Allerdings sollten Sie diese Methode nicht zu Ihrem normalen Gesprächsstil werden lassen. Sie ist wirklich nur dann nötig, wenn Sie eine Struktur brauchen. Hier sind die Regeln:

Regeln für den Redner:
- Sprechen Sie nur für sich selbst. Vermeiden Sie Gedankenlesen!
- Fassen Sie sich kurz. Keine langen Monologe.
- Geben Sie dem Zuhörer Gelegenheit zur Rückmeldung.

Regeln für den Zuhörer:
- Geben Sie mit Ihren Worten wieder, was Sie gehört haben.
- Konzentrieren Sie sich auf die Botschaft des Redners. Versuchen Sie nicht, seine Argumente zu widerlegen.

Regeln für beide:
- Das Rederecht liegt beim Redner.
- Es bleibt beim Redner, auch wenn der Zuhörer zusammenfasst.
- Teilen Sie das Rederecht gleichmäßig auf beide auf.

Als wir zum ersten Mal in einem unserer Eheseminare über diese Methode sprachen, beschlossen wir, das Ganze auch für die Gruppe zu demonstrieren. Da wir sehr spontan sind und gewöhnlich viel miteinander reden, war es nur normal, dass ich Dave fragte: „Über welches Thema möchtest du jetzt mithilfe dieser Methode sprechen?" Es entspann sich folgender Dialog:

Die Sache mit dem Sicherheitsgurt

Dave (Redner): Lass uns über die Sache mit dem Sicherheitsgurt sprechen.
Ich (Zuhörer): Du möchtest über Sicherheitsgurte sprechen? Hast du den Eindruck, das ist für uns ein Problem?
Dave: Ja, ich denke es ist ein Machtkampf. Wir steigen ins Auto ein und du ermahnst mich sofort, ich solle mich anschnallen. Ich fühle mich von dir kontrolliert.
Ich: Du empfindest das als Machtkampf zwischen uns? So, als ob ich dich kontrollieren will?
Dave: Ja, so empfinde ich es. Du benimmst dich dann wie meine Mutter.
Ich: Du meine Güte, ich benehme mich wie deine Mutter, und das magst du nicht?
Dave: Genauso ist es. Hier, du hast jetzt das Rederecht.
(Dave gibt mir den Gegenstand, der das Rederecht symbolisiert. Jetzt bin ich Redner und Dave Zuhörer.)

Ich (Redner): Ich wusste gar nicht, dass der Sicherheitsgurt für uns so ein emotionsbeladenes Thema ist. Ich hätte das niemals als Machtkampf bezeichnet.
Dave (Zuhörer): Das hat dich also überrascht. Für dich ist es kein Machtkampf.
Ich: Nein, überhaupt nicht. Ich möchte dich gar nicht kontrollieren, und mit Sicherheit möchte ich nicht deine Mutter, sondern deine Frau sein.
Dave: Freut mich zu hören.
Ich: Dave, du sollst nur wiedergeben, was ich sage!
Dave: Okay, du willst mich also nicht kontrollieren oder meine Mutter sein.
Ich: Richtig. Aber ich fange langsam an zu verstehen, wie du zu der Auffassung kommst, ich wollte dich kontrollieren.
Dave: Du verstehst also, warum ich es als Machtkampf empfinde?
Ich: Ja, ich möchte es gar nicht zum Machtkampf kommen lassen, aber ich habe einfach Sorge um deine Sicherheit. Ich habe Angst, dass du dich nicht anschnallst, wenn ich einmal nicht

mit im Auto bin und dass du bei einem Unfall schwer verletzt wirst.

Dave: Du drängst mich also zum Anschnallen, weil du um meine Sicherheit besorgt bist.

Ich: Ja, für mich ist das bestimmt kein Machtkampf.

Hier konnten die Seminarteilnehmer einfach nicht anders, als sich einzuschalten. Eine Frau in der ersten Reihe sagte: „Dave, ich bin Krankenschwester und arbeite in der Notaufnahme. Letzte Woche wurde ein Mann eingeliefert, der von der Hüfte an gelähmt war. Er war aus seiner Einfahrt gefahren, und ein anderer Wagen fuhr ihm frontal in die Seite. Er war nicht angeschnallt."

Dave wusste, er war ins Hintertreffen geraten, und außerdem war es Zeit, mit dem Seminarprogramm weiterzumachen. Jeder hatte aber verstanden, wie das Rederecht angewendet wird. Wir auch. Mitten in unserem eigenen Seminar hatten wir zum ersten Mal wirklich verstanden, was es mit dem Thema Sicherheitsgurt auf sich hat und wie wir beide uns dabei fühlten. Wir konnten sagen: Nein, wir werden es nicht zum Machtkampf kommen lassen. Ich konnte Dave verstehen, für den meine Bemerkung nach Machtkampf aussah, und Dave konnte verstehen, dass für mich die Sicherheit im Vordergrund stand. Auf der Rückfahrt von diesem Seminar sprachen wir noch einmal darüber (allerdings ohne Rederecht) und kamen tatsächlich zu einem Kompromiss. Dazu später noch mehr.

Lösen, was möglich ist, und den Rest akzeptieren

Wenn Gefühle ausgesprochen und verstanden wurden, wenn das Thema ausführlich diskutiert ist und beide sich nicht nur über das eigentliche Problem, sondern auch über den Wunsch nach einer Lösung klar geworden sind, kann man die vier Schritte zur Problemlösung gehen. Vielleicht haben Sie hier Ihre eigene Methode entwickelt, wir machen es folgendermaßen:[9]

Schritt eins: Definieren Sie das Problem. Gemeint ist damit die anstrengende Diskussion des Problems, die Sie bereits hinter sich haben. Vielleicht schreiben Sie auf, was Sie denn eigentlich lösen wollen, das kann noch einmal zur Klärung beitragen.

Schritt zwei: Finden Sie heraus, wer von Ihnen die Lösung des Problems braucht und was der Partner dazu beitragen kann.

Schritt drei: Machen Sie eine Liste mit möglichen Lösungen. (An dieser Stelle ist auch Humor sehr hilfreich!)

Schritt vier: Entwerfen Sie einen Aktionsplan. Wählen Sie von der Liste eine Lösung aus, die Sie beide ausprobieren möchten. Wenn es klappt, ist das großartig. Wenn nicht, nehmen Sie einen anderen Vorschlag von Ihrer Liste. Höchstwahrscheinlich werden Sie feststellen, dass die meisten Pläne nur mit gegenseitigem Geben und Nehmen realisiert werden können. Im letzten Kapitel wurden drei grundlegende Möglichkeiten zur Lösungsfindung vorgestellt: das Geschenk der Liebe, das Geschenk der Individualität, das Geschenk der Kompromissfindung. Wir schauen uns diese Möglichkeiten noch einmal genauer an.

Die drei Geschenke der Liebe

Der erste Weg zur Lösung eines Problems besteht darin, dem anderen *ein Geschenk* zu machen. Menschen empfinden unterschiedliche Dinge auch als unterschiedlich wichtig für sich selbst. Der einfachste Weg, einen Konflikt zu lösen, ist daher, dem Partner nachzugeben, wenn für mich selbst nicht viel auf dem Spiel steht. Als wir zum Beispiel unsere Küche renovierten, suchte ich eine blau gemusterte Tapete aus. Dave konnte sich mit dieser Farbe überhaupt nicht anfreunden und plädierte für lila. Da ich aber das bessere Farbgefühl und auch größere Erfahrung auf diesem Gebiet habe, gab er nach und war eigentlich überhaupt nicht überrascht, dass die Küche in blau toll aussah.

Das zweite Geschenk besteht darin, einander die *eigene Individualität* zuzugestehen. Wir müssen nicht in allen Dingen einer Meinung sein. Manchmal sind Meinungsverschiedenheiten okay, wenn es zum Beispiel um Vorlieben beim Essen geht. Dave liebt Rote Bete, ich kann sie noch nicht einmal riechen! Sie können sich also bestimmt vorstellen, wie überrascht Dave war, als ich ihn an einem Sommertag mit auf einen Gartenrundgang nahm und ihm im Gemüsebeet die Rote Bete zeigte, die ich dort extra für ihn gepflanzt hatte! (Dass ich sie zuerst für Radieschen gehalten hatte, habe ich ihm erst später gestanden!)

Das dritte Geschenk ist *Kompromissbereitschaft*. Jeder gibt ein bisschen nach, damit jeder mit der Lösung leben kann. Wir finden auf diese Art und Weise für die meisten Konflikte zwischen uns eine Lösung.

Je nach Zeitpunkt und Situation wenden wir alle drei Möglichkeiten an. Vielleicht haben Sie unterschiedliche politische Ansichten oder haben unterschiedliche Vorlieben für verschiedene Musikrichtungen. Denken Sie dann daran, dass es schließlich nicht darum geht, sich einander völlig anzugleichen; Unterschiede geben der Beziehung die Würze. Sie werden erst zum Problem, wenn einer ständig nachgibt, wenn der Weg des „Friedens um jeden Preis" gewählt wird oder wenn Kompromisse als Mittel zur Manipulation eingesetzt werden.

Auf dem Rückweg von jenem Seminar sprachen wir noch einmal über das Anschnallproblem. Wir waren uns einig, dass es nicht zum Machtkampf werden sollte, und David konnte meine Sorge viel besser verstehen. Wir entschieden uns für einen Kompromiss. Jeder gab ein bisschen nach. Dave wollte sich bemühen, sich im Auto sofort anzuschnallen. Seine sonstige Erklärung: „Ich schnalle mich immer vor dem ersten Stoppschild an" war ja durch die Bemerkung der Krankenschwester entkräftet worden.

Ich dagegen wollte mich bemühen, erst abzuwarten, ob Dave sich von selbst anschnallte, und im gegebenen Fall meine Ermahnung so humorvoll wie möglich formulieren.

War das die Lösung des Problems? Nicht ganz. Wahrscheinlich werden wir auch erst in einigen Jahren zu einer dauerhaften Lösung kommen, aber zumindest haben wir das Frustrationsniveau gesenkt.

Probleme sind gute Gelegenheiten in Arbeitskleidung

Solange wir verheiratet sind oder leben, werden wir schwierige Situationen durchstehen und Entscheidungen treffen müssen. Die langweiligsten Beziehungen, die wir uns vorstellen können, sind solche, in denen die Partner sich dafür entschieden haben, den anderen lediglich zu tolerieren. Es gibt zwar keine Konflikte, aber auch keine wirkliche Nähe und Vertrautheit. Wir möchten Sie ermutigen: Lernen Sie, mit Ihrer Wut, Ihren Enttäuschungen und Meinungsverschiedenheiten umzugehen. Streben Sie nach wirklicher Intimität in Ihrer Partnerschaft. Ihre Ehe ist den Aufwand wert!

Aber Vorsicht! Achten Sie auf einen geeigneten Moment. Sprechen Sie nicht über emotional aufgeladene Themen, wenn Sie müde sind, wenn Sie Hunger haben oder wenn Sie nervös sind. Denken Sie daran, dass Machtspielchen Ihre Beziehung zerstören. Sie müssen nicht immer Recht haben. Gemeinsam an Lösungen zu arbeiten oder emotionale Erpressung zu vermeiden ist harte Arbeit. Aber der Einsatz lohnt sich. Ihre Beziehung wird stabiler werden.

Noch einmal möchten wir den Hinweis wiederholen, dass eine einigermaßen stressfreie Lösung oftmals darin liegt, dem Partner die Entscheidung zu überlassen, dem eine Sache ein größeres Anliegen ist, dem sie wichtiger ist. Manchmal ist Dave eine bestimmte Sache sehr wichtig, dann schließe ich mich ihm einfach an, manchmal ist es umgekehrt. Eine Entscheidung ist nicht immer einfach. Wir haben auch schon erlebt, dass die Ergebnisse katastrophal waren, obwohl wir glaubten, das Richtige zu tun. Haben wir es deshalb aufgegeben, Konflikte zu lösen und tragfähige Entscheidungen anzustreben? Natürlich nicht! Also: Kein Grund zur Resignation. Auch nicht für Sie!

Was aber, wenn Sie in einer Sackgasse gelandet sind und alles festgefahren erscheint? Es wird Zeiten geben, in denen eine Lösung nicht möglich ist! Wir haben es oben schon erwähnt: Forschungen belegen, dass wir für 80 Prozent unserer Meinungsverschiedenheiten eigentlich gar keine Lösung brauchen. Wir müssen nur verstehen, wie sich der andere wirklich fühlt. Kluge Paare machen sich klar, welche dieser immer wiederkehrenden Situationen sie in diesem Leben vermutlich nie werden lösen können. Manchmal müssen wir einfach akzeptieren, dass der andere nur brutto zu haben ist – mit allen Eigenarten. Eines steht fest:

Wenn Sie Ihren Partner bis jetzt nicht geändert haben – in Zukunft werden Sie es auch nicht schaffen. Entscheiden Sie sich lieber dafür, diese kleinen, störenden Eigenarten zu lieben.

Wie ist es mit Dingen, die wirklich wichtig sind, für die Sie dringend eine Lösung finden müssen, bei denen aber unsere Hinweise versagen? Ein Mentor, ein Seelsorger, ein Berater oder ein älteres, erfahreneres Ehepaar kann hier kurzfristige Hilfe leisten. Wenn Sie verkehrt herum in eine Einbahnstraße fahren, hilft es Ihnen nur wenig, wenn Ihnen ein Fußgänger zuruft, dass Sie in die falsche Richtung fahren. Wirklich helfen würde eher ein freundlicher Polizist, der den Gegenverkehr anhält und Sie in aller Ruhe wenden lässt. Ein Seelsorger oder kluge Freunde können für Ihre Beziehung dieser Polizist sein.

Wenn Sie aber entschlossen sind, das Problem gemeinsam anzugehen, den anderen nicht anzugreifen und auch mit negativen Gefühlen, mit Ärger und Aggression positiv umzugehen, werden Sie in den meisten Fällen eine Lösung finden, auch wenn das bedeutet, dass es diesmal „nur" geht, indem Sie Ihren Partner mit seiner Individualität stehen lassen. Sie können sich dann darauf konzentrieren, Ihre Unterschiedlichkeit ganz bewusst zu genießen und zu feiern.

Sie haben die Wahl

Übung vier: Wenn wir streiten, streiten wir fair

1. Welcher Typ sind Sie im Umgang mit Frust, Zorn und Ärger am ehesten?
❏ Schildkröte – der Konfliktmuffel
❏ Stinktier – der Angreifer
❏ Chamäleon – der Anpasser
❏ Eule – der Intellektuelle
❏ Gorilla – der Sieger
❏ Andere: _____

2. Welche Themen verursachen in Ihrer Beziehung immer wieder Konflikte?

3. Lesen Sie noch einmal das Ärger-und-Zorn-Abkommen (S. 55). Entscheiden Sie, ob Sie diese Abmachung zwischen sich verbindlich treffen wollen.

4. Würde Ihnen das Konzept des Rederechts bei der Lösung von Streitfragen helfen? Wenn ja, versuchen Sie es.

5. Wann haben Sie Ihrem Partner
❏ ein „Beziehungsgeschenk" gemacht?
❏ das Geschenk der Individualität zugestanden?
❏ das Geschenk der Kompromissbereitschaft geschenkt?
❏ Sind Geben und Nehmen zwischen Ihnen ausgeglichen? Geben beide Partner?

6. Für welche kleinen Irritationen in Ihrer Beziehung können Sie keine Lösung finden?

7. Können Sie das akzeptieren?

Entscheidung fünf

Wir genießen unsere Unterschiedlichkeit

Wenn Sie einander gegenseitig Ihre Individualität zugestehen, haben Sie den ersten Schritt für eine weitere Grundentscheidung zur Stärkung Ihrer Ehe bereits getan – für die Grundentscheidung, Unterschiede in der Persönlichkeit als Bereicherung zu empfinden. Einige der im letzten Kapitel beschriebenen Konflikte werden nie gelöst werden, und das liegt an grundlegenden Unterschieden zwischen Ihnen und Ihrem Partner, die nicht zwangsläufig negativ sind. Wenn Sie sich Ihre Unterschiedlichkeit bewusst machen und sie auch anerkennen, können Sie Ihre Stärken und Schwächen als Team ganz neu bewerten und Ihre Stärken ausbauen.

Begegnung mit Zoe und Frank

Wir saßen für ein Interview mit Zoe zusammen. Im Rahmen des Internationalen Jahres der Familie, das die Vereinten Nationen ausgerufen hatten, sollten wir in Wien Menschen möglichst unterschiedlicher Nationalitäten interviewen, um herauszufinden, welche Faktoren Familien überall auf der Welt zusammenhalten und stark machen.

Zoe war köstlich. Sie stammte aus Brasilien und war mit Frank, einem Deutschen, verheiratet. Trotz dieser zwei sehr unterschiedlichen Kulturen schien ihre Ehe gut zu funktionieren. Das Geheimnis dahinter entdeckten wir in unserem Gespräch mit Zoe:

„Frank und ich sind völlig unterschiedlich. Er ist organisiert und mag es, wenn Dinge eine Struktur haben. Ohne ihn würde ich im Chaos versinken. Ich bin die Spontanere von uns beiden, und ich muss zugeben, dass ich eher ziellos lebe. Mein Motto ist: Que sera sera – was kommt, das kommt!

Am Anfang unserer Ehe gab es eine Phase mit Schlingerkurs. Unsere unterschiedlichen Persönlichkeiten und der so sehr andere kulturelle

Hintergrund machten unsere Beziehung kompliziert. Frank wollte zum Beispiel jeden Abend Punkt sechs essen – wie ein Uhrwerk. Ich wollte essen, wenn ich Hunger hatte, aber bestimmt nicht vor acht oder halb neun. Ich wollte nicht in todlangweilige Routine hineinrutschen. Allmählich wurde uns deutlicher, dass wir zwei einzigartige Menschen sind – jeder so geschaffen, wie er eben ist. Wir merkten, wir mussten uns entscheiden. Wir hatten die Wahl, unsere jeweils besten Eigenschaften zusammenzuwerfen und eine großartige Beziehung aufzubauen. Wir trafen diese Entscheidung, unsere Unterschiedlichkeit für unsere Beziehung positiv zu nutzen. Wir führen jetzt eine sehr gute Ehe. Dass wir verschieden sind, gibt dem Ganzen erst Geschmack. Frank sorgt dafür, dass organisatorisch alles gut läuft, und ich, na ja – ich bringe Farbe in unser Leben!"

Und das Funkeln in Zoes Augen sprach Bände. Diese Ehe mit zwei so unterschiedlichen Partnern aus gänzlich andersartigem kulturellen Hintergrund funktionierte. Was war das Geheimnis? Nutzen Sie Ihre Unterschiede positiv für Ihre Beziehung. Feiern Sie diese Unterschiede. Einfach ist das allerdings nicht – zumindest nicht immer. Auch nicht für uns, wenn wir zurückdenken.

Gegensätze ziehen sich an!?

Ein altes Sprichwort lautet: „Gegensätze ziehen sich an." Ist das auch Ihre Erfahrung? Welche Unterschiede in Ihrer Partnerschaft versetzen Sie immer noch in Erstaunen? Wenn wir an die Zeit vor unserer Heirat zurückdenken, waren es gerade die Unterschiede, die uns zuerst zueinander hin zogen.

Ich (Claudia) weiß noch gut, wie mich dieser gelassene, unkomplizierte Mann faszinierte, der mir stundenlang einfach nur zuhörte. Allein seine bloße Gegenwart bewirkte, dass ich mich ganz frei fühlte und anfing, das Leben zu genießen. Außerdem war er unterhaltsam. Er gab mir das Gefühl, ich sei Mittelpunkt seines Leben. Ich war begeistert!

Ich (David) fand Claudia aufregend. Sie war ein Bündel an Energie und Kreativität, immer unterwegs und immer mit irgendwelchen Leuten zusammen. Ich musste mehrere Versuche starten, bis es überhaupt einmal zu einer Verabredung kam. Mit ihr war es nie langweilig!

Wir passten hervorragend zusammen! Oder doch nicht? Ja und Nein. Ja, als wir frisch verliebt waren, als Romantik noch hoch im Kurs stand und die Hormone verrückt spielten, war jeder Tag aufregend. Daves Ruhe und Aufmerksamkeit waren ein guter Ausgleich zu meinem Hang zu Überaktivität. Unsere rosarote Brille milderte die Unterschiede, und ganz wie von selbst sahen wir nur das Positive am anderen.

Dann kamen Hochzeit und Flitterwochen, und sehr bald kehrte der Alltag ein. Wir waren eine junges Ehepaar mit wenig Geld, das versuchte, neben dem Studium noch seinen Lebensunterhalt zu verdienen. Es war immer noch romantisch, aber nach und nach zog auch die Realität bei uns ein.

Ich interpretierte schon sehr bald Daves großzügige und gelassene Art als Mangel an Motivation. Was ich auch anstellte, um ihn aus seinem Sessel zu locken, er war immer noch langsam und bedächtig. Er war zufrieden, wenn er den Abend zu Hause vor dem Fernseher oder mit einem Buch verbringen konnte. Wie langweilig!

David dagegen konnte nicht verstehen, warum Claudia ständig in Bewegung sein musste. Er merkte schnell, dass ein Mittagsschläfchen für sie die reine Zeitverschwendung war. Außerdem: Musste sie immer allem so auf den Grund gehen und bis ins Detail analysieren? Er hatte dieses Energiebündel, das er geheiratet hatte, schon bald satt. Gab es denn überhaupt keinen ruhigen Abend mehr für ihn?

Unsere erste Strategie im Umgang mit diesen Unterschieden hieß: Ich werde dich ändern. Natürlich klappte das ganz und gar nicht. Es führte nur dazu, dass wir bald nur noch unsere Unterschiedlichkeit und nichts anderes mehr wahrnahmen, und eine gewisse Spannung machte sich in unserer Beziehung breit. Acht Jahre ging das so. Inzwischen waren noch drei lebhafte Jungs, die Arbeit und Elternpflichten hinzugekommen. Das Leben wurde immer komplizierter, und unsere Unterschiedlichkeit trat immer deutlicher zutage.

Dann kam eine berufliche Veränderung, und dafür mussten wir uns einer ganzen Reihe von psychologischen Tests unterziehen. Wir erinnern uns noch ganz genau an den Tag, als wir all die Bögen ausfüllten. David machte lässig seine Kreuze, während er sich im Fernsehen ein Fußballspiel anschaute. Ich überlegte mir jede Antwort genau und prüfte sorgfältig, ob meine Antworten ein schlüssiges Bild ergaben.

Dann hatten wir ein Gespräch mit dem zuständigen Psychologen.

Der blätterte in unseren Testergebnissen und nannte uns zunächst unsere Stärken (hörte sich ziemlich gut an!) und dann auch die Schwächen (das hätte er nicht so deutlich sagen müssen!). Wieso hatte er nur in jeder Hinsicht Recht? Schließlich sagte er: „Und nun zu den Bereichen, in denen Sie übereinstimmen und wo es zwischen Ihnen problematisch ist." Hatte er bei uns zu Hause Mäuschen gespielt? Er ließ aber auch nichts aus. Unser Respekt vor psychologischen Tests stieg schlagartig um ein Vielfaches. Und dann gab er uns eine der größten Herausforderungen unseres Lebens: „Sie haben sicher schon festgestellt, dass Ihre jeweiligen Schwächen die Stärken des anderen sind. Wenn Sie es schaffen, sich jeweils auf die Bereiche zu konzentrieren, in denen Ihre Stärken liegen, und sich im Bereich Ihrer Schwächen nicht vom anderen bedroht zu fühlen, könnten Sie eine großartige Beziehung aufbauen."

Wir würden Ihnen an dieser Stelle gerne erzählen, dass wir das Büro verließen und den Rat dieses Psychologen auf der Stelle in die Tat umsetzten – aber ganz so einfach war es nicht. Es fällt jedem schwer zuzugeben, dass ich Schwächen habe – und dass der Partner gerade in diesem Bereich stark ist. Wir brauchten lange, und manchmal war es wirklich hart, aber wir stellten uns dieser Herausforderung. Wir wussten genau, dass unsere Beziehung nur davon profitieren würde, wenn wir den Rat, den wir hier erhalten hatten, befolgten.

Das Rundbrief-Dilemma

Die erste Gelegenheit, die neue Erkenntnis anzuwenden, bot sich, als es wieder einmal an der Zeit war, den Rundbrief für die Freunde unserer Arbeit zu schreiben. Im Laufe der Jahre war dieser Rundbrief zur Quelle von Frust und Konflikten in unserer Ehe geworden. Rundbriefe schreiben ist nicht gerade Davids Lieblingsbeschäftigung, und doch fühlte er sich aus irgendeinem Grund (den wir bis heute nicht kennen) dafür verantwortlich. Meine spitzen Bemerkungen, die ich darüber immer mal wieder fallen ließ, trugen auch nicht gerade zu einer erhöhten Motivation bei. Wenn er sich dann endlich einen Ruck gab und anfing zu schreiben, fand er kein Ende, und schließlich hatten wir einen Rundbrief, der viel zu lang war und jede Menge Nebensächlichkeiten enthielt.

Dann erhielt Claudia (die geborene Herausgeberin) den Brief zur

Korrektur. Ihr erster Kommentar lautete meist folgendermaßen: „Viel zu lang. Warum hast du das noch erwähnt? Streich das wieder. Komm, ich helfe dir." Da war David meist schon so genervt, dass er nur noch seine Ruhe haben wollte. Er wusste genau, dass Claudia gerne schrieb, aber er profitierte nicht von dieser Stärke.

Für den ersten Rundbrief nach unserem Psychologen-Gespräch überdachten wir unsere bisherige Strategie. Wenn ich doch so gerne schrieb, warum tauschten wir dann nicht einfach? Gemeinsam stellten wir eine Liste auf, was alles in den Rundbrief hinein sollte, und ich schrieb einen ersten Entwurf. Da ich auf Rückmeldung großen Wert lege, studierte David den Entwurf sorgfältig und machte seinerseits Vorschläge. So wurde die Herausgabe des Rundbriefes ein Gemeinschaftsprojekt. David kümmert sich gerne um Details, also war er verantwortlich für Druck, Einkuvertieren, Frankieren und Abschicken. Sonst war er immer frustriert, wenn ich nur die ganz einfachen Briefmarken kaufte. Jetzt konnte er die Marken aussuchen – und so kam es, dass z. B. im Februar ein typisches Valentinsmotiv auf den Umschlägen prangte oder die Farbe der Marke mit der des Papiers übereinstimmte.

Das Experiment, sich auf die jeweiligen Stärken des anderen zu konzentrieren, führte zu drei Ergebnissen:

Erstens: Der Rundbrief war jetzt viel besser. Zweitens: Unsere Beziehung lief besser. Drittens: Dadurch, dass wir beide unsere Stärken einsetzten, lernten wir voneinander. Mit der Zeit schrieb David klarer und prägnanter. Wir schreiben jetzt sogar gemeinsam Bücher. Ich verbesserte meinen Umgang mit den Details, und wenn ich jetzt Briefmarken kaufe, kann es vorkommen, dass ich tatsächlich hinsehe, ob es verschiedene Motive gibt!

Stärken und Schwächen ausbalancieren

Auch unser Umgang mit Geld ist ein Bereich, wo wir versuchen, unsere Stärken und Schwächen auszubalancieren. Wir hatten auch schon Zeiten, in denen sich einer von uns allein um die Familienfinanzen kümmerte, aber das klappte nie gut. Außerdem waren wir uns auch nicht immer einig darüber, wofür wir unser Geld ausgegeben wollten. Das führte wiederholt zu Spannungen und Frust. Wie kam es hier zu Veränderungen? Der erste Schritt: Wir mussten herausfinden, wie auf diesem Gebiet Stärken und Schwächen verteilt waren.

David hat viel mathematisches Verständnis. Er ist auch in Kleinigkeiten genau – also kümmert er sich jetzt um das Grundlegende wie Schecks ausstellen (ohne das Konto zu überziehen), Rechnungen bezahlen und die Einkommensteuererklärung. Das heißt allerdings nicht, dass Claudia im Bereich Finanzen gar nichts zu sagen hätte. Sie führte genau Buch über Ausgaben und offene finanzielle Verpflichtungen. Gemeinsam stellen wir auch ein Familienbudget auf.

Ich (Claudia) kümmere mich hauptsächlich um die Einkäufe. Ich habe ein untrügliches Gespür für Schnäppchen, komme mit dem vorher festgelegten Betrag für Kleidung und Haushalt immer hin und kaufe die notwendigen Lebensmittel. Wenn David einkauft, kommt er meist mit seinen Lieblingsknabbereien nach Hause (Kalorienbomben randvoll mit künstlichem Aroma und viel zu teuer), aber Milch und Brot hat er vergessen.

Auch wenn wir uns beim Geld nicht immer einig sind, haben wir doch gelernt, darüber zu sprechen, Kompromisse zu finden und genau zu planen, wie bei uns Geld verdient, gespart, gespendet und ausgegeben wird. In der beschriebenen Weise zusammenzuarbeiten hat sich wirklich bewährt – auch für unsere Finanzen.

Die Stärken des anderen verstehen

Wir können nur dazu ermutigen: Machen Sie sich ein genaues Bild über die Stärken und Schwächen, die jeder von Ihnen in das „Gesamtkunstwerk" Ihrer Partnerschaft einbringen. Und dann setzen Sie so viel Energie wie möglich in den Bereichen ein, in denen Ihre Stärken liegen.[10]

Sie können dann auch erkennen, welche Stärken Sie als Paar besitzen. Und wie Sie sich gegenseitig ergänzen können, indem Sie die Unterschiede anerkennen und sie nicht als Bedrohung auffassen. Für Bereiche, in denen Sie ähnliche Stärken haben, müssen Sie vielleicht nach Wegen für eine harmonische Zusammenarbeit suchen.

Machen Sie sich bestehende Unterschiede bewusst. David ist eher gemächlich und unkompliziert, ein typischer Nachtmensch. Claudia braucht Trubel und steht am liebsten noch vor dem Morgengrauen auf.

Wo sind bei Ihnen Gemeinsamkeiten? Wir z.B. haben ähnliche Werte, wir sind abenteuerlustig und spontan und probieren gerne Neues aus. Können Sie sich vorstellen, wie gerade Ihre Unterschiede zu Positivposten für Ihre Beziehung werden können? Sind Sie sich in manchen Bereichen so ähnlich, dass es zur Last wird? Wenn zum Beispiel beide ganz gut „die Uhr vergessen" können, müssen Sie eine Lösung finden, wie Sie es schaffen können, pünktlich zu sein.

Ihre Stärken als Paar erkennen

Um eine starke Partnerschaft aufzubauen, müssen wir unsere Unterschiede und Gemeinsamkeiten für uns arbeiten lassen statt gegen uns. Auf den folgenden Seiten finden Sie einige Diagramme über Unterschiede und Gemeinsamkeiten zwischen Partnern. Beachten Sie dabei: Beide Pole eines Diagramms haben Stärken und Schwächen, Vorteile und Nachteile. Es kommt nicht so sehr darauf an, auf welcher Seite Sie und Ihr Partner sich befinden, sondern darauf, zu verstehen, dass Menschen nun einmal verschieden sind.

Die eine oder andere Eigenschaft ist vielleicht geschlechtsspezifisch, aber dennoch findet sie sich nicht automatisch nur bei Männern oder nur bei Frauen. Man kann niemanden in eine bestimmte Schublade stecken; dafür ist der Mensch zu kompliziert. Sie werden sich zu unterschiedlichen Zeiten sicherlich auch an unterschiedlichen Positionen auf der Diagrammskala finden. Ob Sie z.B. eher extrovertiert oder eher introvertiert sind, hängt auch ab von der Gruppe, in der Sie sich gerade befinden.

Sicher, die menschliche Persönlichkeit und menschliche Beziehungen sind unglaublich komplex. Aber die nachfolgenden Diagramme können helfen, sich selbst, Ihren Partner und Ihre Beziehung besser zu verstehen. Betrachten Sie jede Skala als Waage, tragen Sie Ihre eigene und die Position Ihres Partners an den entsprechenden Stellen ein. Überlegen Sie dann, ob die Waage ausbalanciert ist oder ob Sie nach Wegen suchen müssen, die Balance zu finden. Wenn Sie beide auf derselben Seite der Waage sind, möchten Sie vielleicht herausfinden, wie damit am besten umzugehen ist.

Gefühlsbetont – tatsachenorientiert

Der gefühlsorientierten Person fällt es leicht, Gefühle und Emotionen auszudrücken. Sie mag eine offene Atmosphäre. Spannungen möchte sie gleich beseitigen. Gefühlsorientierte Menschen möchten einen Konflikt bearbeiten und nicht „die Sonne über ihrem Zorn untergehen" lassen. Diese Menschen brauchen häufig die Rückmeldung des Partners; sie sind mehr beziehungs- als tatsachenorientiert.

Der tatsachenorientierte Mensch benutzt Sprache, um Ideen auszudrücken und Informationen zu vermitteln. Er möchte mit negativen Gefühlen am liebsten gar nicht konfrontiert werden und fühlt sich unwohl, wenn emotionale Themen angesprochen werden. Er bevorzugt die friedliche Koexistenz. Er ist mehr zielorientiert als beziehungsorientiert und hält sich stets an nackte Tatsachen.

Unser Freund Gerhard ist tatsachenorientiert. Seine Urlaubserinnerungen kreisen um Fahrkartenpreise und Ankunftszeiten. Für ihn zählen Tatsachen. Seine gefühlsorientierte Frau denkt an einen schönen Spaziergang oder ihre Panik bei dem Versuch, die Tickets umzubuchen. Für sie zählen Emotionen, und sie sind es, die die Wirklichkeit für sie definieren.

Wie kann man diese Konstellation positiv nutzen?

Angenommen, Sie suchen für eine bestimmte Situation eine Lösung. Einer von Ihnen ist tatsachen-, der andere gefühlsorientiert. Ihre verschiedenen Sichtweisen können ein Vorteil sein. Wenn eine Entscheidung sich nur auf Gefühle stützt, kann das zu Schwierigkeiten führen. Wenn andererseits eine Entscheidung nur auf Fakten-Informationen ruht, bleibt vielleicht ein wichtiger Aspekt unbeachtet. Nehmen wir ein Ehepaar, das für seinen sechsjährigen Sohn eine passende Schule sucht. Für den tatsachenorientierten Partner wären die wichtigsten Faktoren für eine Entscheidung Kosten, Erreichbarkeit, Übereinstimmung des Stundenplans mit Familienaktivitäten und die Klassengröße. Für den gefühlsbetonten Partner gelten eher subjektive Faktoren: ansprechende Räume, die Atmosphäre zwischen Lehrern und Schülern, fröhliche Kinder. All diese Faktoren sind wichtig und für eine sorgfältige, ausgeglichene Entscheidung absolut notwendig. Die eine Sichtweise ist nicht wichtiger als die andere.

Eine ehrliche Standortbestimmung kann Ihnen helfen, zu einer ausgeglichenen Lösung zu kommen. Tragen Sie sich und Ihren Partner auf der unten stehenden Skala ein.

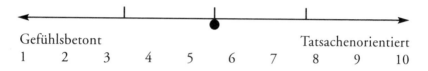

Gefühlsbetont   Tatsachenorientiert
1   2   3   4   5   6   7   8   9   10

Ist die Waage im Gleichgewicht? Bei uns ist es so, dass David eher gefühlsorientiert und ich eher tatsachenorientiert bin. David hat ein feines Gespür dafür, was sich emotional in Menschen abspielt. Daher konnte er sich auch besser in die Kinder hineinversetzen, besonders in den Jahren der Pubertät. Dafür hielt ich mit meiner praktischen Art das Familienschiff auf Kurs. In unserer Rolle als Eltern und als Partner haben wir erkannt, dass die Entscheidungen besser sind, bei denen wir vorher Emotionen und Tatsachen genau abgewogen haben, denn beide Sichtweisen sind wichtig!

Aber wie kann man zur Balance finden, wenn beide Partner auf derselben Seite der Waage sind? Wenn beide gefühlsorientiert sind, kann man sich leicht von der Aufregung des Augenblicks gefangen nehmen lassen und offensichtliche Tatsachen übersehen. Sogar bei etwas so „Nüchternem" wie einem Autokauf. Freunde unserer Kinder, Carla und Martin, ließen sich einfach von ihrer Begeisterung mitreißen und kauften einen tollen Wagen – der leider ihr begrenztes Budget deutlich überstieg. Sie achteten nicht auf ihre finanziellen Möglichkeiten und mussten letztendlich mit zu hohen Rückzahlungen fertig werden. Bei der nächsten größeren Anschaffung werden sie – hoffentlich – ihre Schwäche kennen und ausgleichen, indem sie genau ihre Finanzen überprüfen und sich ein Preislimit setzen, und zwar vor dem Einkauf.

Andererseits ist es auch unklug, eine Entscheidung nur aufgrund von Tatsachen zu fällen, falls beide Partner tatsachenorientiert sind. Oft müssen auch emotionale Faktoren berücksichtigt werden. Nehmen wir noch einmal das Beispiel von dem Autokauf: Wenn sich die beiden nur auf Tatsachen gestützt hätten, hätten sie sich vielleicht einen Wagen gekauft, den sie sich leisten können, den sie aber nur sehr ungern fahren. Wenn Sie also wieder einmal vor einer wichtigen Entscheidung stehen, besprechen Sie beide Aspekte der Angelegenheit – Emotionen und Tatsachen. Mit den Tatsachen ist es einfach, sie liegen oft auf der Hand. Bei den Emotionen muss man schon etwas tiefer graben.

Introvertiert – extrovertiert

Der Introvertierte ist gerne alleine bzw. genießt die Zweisamkeit mit dem Partner. Er ist nicht gerne in Gruppen zusammen. Johannes und Laura, beide eher introvertierte Menschen, trafen wir bei einem unserer Seminare. Sie würden am liebsten auf einer einsamen Insel ohne Nachbarn leben. Sie verteidigen ihre Zeiten der Zweisamkeit. Dabei täte ihnen häufigere Gemeinschaft mit anderen nur gut. Wir schlugen ihnen vor, in einen Gesprächskreis zu gehen oder einem Verein beizutreten. Sie könnten sich auch überlegen, welche Paare sie vielleicht gern näher kennen lernen würden und diese dann zum Essen einladen – eines nach dem anderen, natürlich.

Katharina und Andreas sind das genaue Gegenteil. Sie sind beide extrovertiert. Je mehr Menschen sie um sich haben, desto besser. Wie kann man nur ohne Freunde in Urlaub fahren? Aus der Gemeinschaft mit anderen schöpfen sie Energie, und sie kümmern sich auch intensiv um ihre Freunde. Um hier einen Ausgleich zu schaffen, müssen Katharina und Andreas Zeiten für sich als Paar einplanen. Beziehungen werden in Zweierkonstellationen aufgebaut, und sie müssen sicherstellen, dass sie genügend Zeit „allein zu zweit" haben, damit ihre Beziehung gesund und entwicklungsfähig bleibt.

Bei Karl und Angelika ist es wieder anders. Sie sind grundverschieden. Karl liebt Gemeinschaft und lädt ständig irgendwelche Leute ein. Angelika ist introvertiert und möchte lieber nur mit Karl zusammen sein. Ihr Trick ist, dass sie Karl ab und zu entführt – zu einem Angeltrip. Diese beiden arbeiten daran, dass Gemeinschaft und Zweisamkeit ins Gleichgewicht kommen, ohne dass ein Partner vom anderen überrollt wird. Sie respektieren die gegenseitigen Vorlieben und versuchen, ihr Leben so zu gestalten, dass sich keiner benachteiligt fühlt.

Wo würden Sie sich einordnen?

Introvertiert   Extrovertiert
1   2   3   4   5   6   7   8   9   10

Sitzen Sie beide in derselben Waagschale? Wie finden Sie die richtige Balance? Wenn David und ich zu viel Trubel um uns haben, setzen wir uns zusammen und planen ganz bewusst Zeiten nur für uns zwei. Ein Blick auf den Terminkalender vom letzten Monat kann sehr aufschlussreich sein – und hilft, dieselbe Falle zu vermeiden.

Johannes und Laura, die beiden schon erwähnten introvertierten „Inselmenschen", finden zur Ausgewogenheit, indem sie für jeden Monat bewusst Aktivitäten mit anderen einplanen. Letzten Monat haben sie mit Freunden einen Einkaufbummel durch Antiquitäten-Läden gemacht.

Wie finden Sie zu einem Ausgleich, wenn Sie grundverschieden sind? Jeder von Ihnen könnte zum Beispiel eine Unternehmung für die kommenden Wochen planen. Der eine lädt Freunde zum Essen ein, der andere bereitet eine Fahrradtour auf einer einsamen Strecke vor.

Spontan – strukturiert

Der spontane Typ ist dem gefühlsbetonten sehr verwandt. Für ihn läuft das Leben einfach so, er lässt sich nicht vom Alltagskram einengen. Er lebt die Dinge aus, die Spaß machen und Aufregung versprechen. Die profanen Dinge des Lebens – wie Speiseplan, unbezahlte Rechnungen und Hausputz – kann er ausgezeichnet vergessen.

Sein Gegenpart, der Planer, mag feste Strukturen und fühlt sich von zu vielen Ungewissheiten bedroht. Er ist im Allgemeinen ordentlich und liebt es, Dinge immer auf die gleiche Art zu tun. Unterbrechungen empfindet er als störend, wenn sie ihn daran hindern, den aufgestellten Tagesplan zu erfüllen. Der Planer braucht gelegentlich einen leichten Schubs, um seinen Horizont zu erweitern.

Wie kann man diese Konstellation positiv nutzen?

Wenn Sie sich und Ihren Partner verstehen, werden Sie den Ausgleich schaffen können. Wir sind beide spontan. Feste Planungen und zu strikte Vorgaben mögen wir nicht besonders. In unserer Eheseminararbeit haben wir uns deshalb Mitarbeiter gesucht, die hier ausgleichend wirken und uns helfen, die Dinge zu strukturieren. Wenn wir nur auf uns gestellt sind, leben wir eher aus dem Augenblick heraus. Ziele festzusetzen und Details zu planen bedeutet für uns Arbeit. Wie ist das bei Ihnen? Wo ist Ihr Platz zwischen beiden Polen?

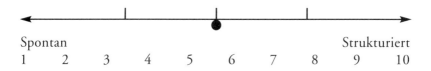

Spontan   Strukturiert
1   2   3   4   5   6   7   8   9   10

Wieder beide auf einer Seite? Wie finden Sie Ihr Gleichgewicht? Wenn Sie beide spontan sind, könnten Sie klare Absprachen treffen, bevor Sie neue Verpflichtungen eingehen. Wenn beide eher strukturiert sind, könnten Sie Ihren Partner einmal überraschen. Auch wenn das dann für Sie selbst „geplant" ist, für Ihren Partner wird es spontan sein!

Wie finden Sie die Balance, wenn Sie sehr unterschiedlich sind? Der Planer könnte dem Spontanen entgegenkommen und z.B. auf seinen Vorschlag eingehen: „Warum sollen wir heute selber kochen? Lass uns essen gehen." Andererseits könnte der spontane Partner sich damit einverstanden erklären, Pläne für die kommende Woche zu machen, zum Beispiel: „Nächsten Freitag grillen wir."

Aktiv und entscheidungsfreudig – geruhsam und bedächtig

Im Blick auf diese Polarität sind wir beide an den äußersten Enden der Skala angesiedelt. Das machte es für uns relativ schwer, die Unterschiedlichkeit in passende Begriffe zu kleiden. Wir nahmen „aktiv und schnell" und „passiv und langsam". Weil es das aber nicht so ganz trifft, wollen wir einfach beschreiben, was wir meinen. Die aktive, anpackende Person ist zielorientiert. Sie ist immer in Bewegung. Bemerkt sie bei jemandem organisatorische Schwächen, hilft sie dem anderen gern auf die Sprünge. Sie steckt voller Ideen und verfügt über ausreichend Energie, um andere mitzuziehen.

Den zurückhaltenden und ruhigen Typ kann man gut um sich haben.

Er ist flexibel und nicht so leicht aus der Ruhe zu bringen. Er ist nicht dominant, übt aber doch Einfluss auf andere aus. Er ist ein guter Zuhörer – viele gute Berater gehören zu diesem Persönlichkeitstyp. Wir beide sind hier sehr unterschiedlich. Ich (Claudia) bin die Aktive. „Langweilig" heißt für mich, nichts zu tun. Ich halte nicht gerne Mittagsschlaf – ich könnte ja etwas verpassen. David möchte das Leben am liebsten einfach laufen lassen. Sein Lebenstempo ist langsamer (aber beständig). Er ist methodisch, hartnäckig und bis aufs i-Tüpfelchen detailversessen. Wir profitieren von der Sichtweise des anderen und schaffen es meist, bei all unserer Unterschiedlichkeit die Balance zu finden. Aber nicht immer! Wenn ich (Claudia) mich in ein Projekt verrenne, verliere ich jegliches Zeitgefühl und kann stundenlang ohne Pause daran arbeiten. David macht mittendrin Schluss und legt sich einfach aufs Ohr. Das macht mich verrückt. Wenn wir z.B. einen bestimmten Termin einhalten müssen, reicht mir ein Gerüst, an dem ich mich orientiere, und David ist frustriert, weil die Details fehlen!

Wo würden Sie sich einordnen?

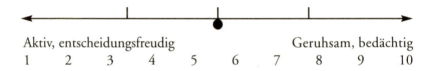

Aktiv, entscheidungsfreudig   Geruhsam, bedächtig
1   2   3   4   5   6   7   8   9   10

Wie können Sie den Ausgleich schaffen, wenn Sie sich auf derselben Seite der Waage befinden? Müssen Sie das Tempo erhöhen oder verlangsamen? Müssen Sie Ihren 18-Stunden-Tag verkürzen? Wenn Sie gegensätzlich sind, wie finden Sie ein Gleichgewicht? Wir schaffen das durch klare Aufgabenteilung: David ist verantwortlich für regelmäßig anfallende Dinge, die Genauigkeit und Sorgfalt erfordern, wie z.B. monatliche Überweisungen und Termine. Ich überschaue die Dinge im größeren Rahmen, sage also zum Beispiel: „Lass uns die festen Termine für das nächste Jahr planen, damit wir sehen, wieviel Zeit uns zum Reisen bleibt." Ein typischer Satz für David dagegen ist: „Was liegt denn heute an? Worum muss ich mich kümmern?" Er beruhigt mich, wenn ich zu hektisch werde. Ich hingegen motiviere ihn hin und wieder zu etwas mehr Aktion.

Nachteule – Frühaufsteher

Warum heiratet so oft ein Nachtmensch einen Tagmenschen? Zumindest ist es eine Hilfe für die Zeiten, in denen Babys oder Teenager in der Familie leben, denn der „Nachtaktive" kann die Nachtschicht übernehmen. Psychologen sagen, dass wir mit einer inneren Uhr geboren werden. Daran kann man auch im Lauf eines langen Lebens später wenig ändern. Wie läuft diese Uhr bei Ihnen? Wann sind Sie am produktivsten?

Die eigene Position auf dieser Skala zu finden ist sehr einfach – umso schwerer ist es, eine Balance zu erreichen. Gerade das Zeitempfinden ist ein Bereich, in dem die meisten Paare versuchen, einander zu „erziehen" – was nie klappt. Bei uns auch nicht. So arbeiten wir schon viele Jahre daran, unsere inneren Uhren in Einklang zu bringen. Wenn David erst richtig wach wird, fallen mir schon die Augen zu. Zwischen 23.00 und 2.00 Uhr ist er am kreativsten. Meine beste Zeit ist aber frühmorgens, wenn David sagt: „Kein normaler Mensch steht so früh auf!"

Ein Vorteil dieser Unterschiedlichkeit liegt für uns darin, dass sie Freiräume in unserer Beziehung schafft. Wir arbeiten meist eng zusammen. Aber manchmal genießt David auch seine eigenen „Mitternachtsprojekte", während Claudia schon tief und fest schlummert. Wie gehen Ihre inneren Uhren? Wo würden Sie sich einordnen?

Nachteule   Frühaufsteher

Wenn Ihre inneren Uhren gleich schlagen – schätzen Sie sich glücklich. Das nimmt viel Konfliktpotenzial aus Ihrer Beziehung heraus. Und in der Regel sorgen die Lebensumstände (wie Arbeitsplatz u.ä.) schon dafür, dass Sie nicht zu einseitig werden. Freunde von uns, beide typische Nachtmenschen, müssen während der Woche häufig gegen die eigene innere Uhr leben. Er ist Chirurg, der für Operationen oder Visiten früh aufstehen muss. Sie versucht, ihren Tagesplan dem seinen anzupassen. Im Urlaub und an Wochenenden schaffen sie es durchaus, die ganze Nacht aufzubleiben und den Tag komplett zu verschlafen!

Wie finden Sie zur Balance, wenn Sie hier unterschiedlich sind? Als unsere Kinder langsam flügge wurden, war es für David kein Problem, so lange aufzubleiben, bis sie nach Hause kamen. Ich übernahm dann den „Frühdienst", damit die Jungs pünktlich zur Schule oder am Wochenende zu ihren Sportveranstaltungen kamen. Wir konnten dadurch einfach die Unterschiedlichkeit des anderen anerkennen und akzeptieren, dass wir einander nicht ändern würden – auch wenn wir es versuchten.

Bei Frank und Anna ist es genau umgekehrt, Frank ist der Tag-, Anna der Nachtmensch. Ihr Problem ist Folgendes: Am Anfang ihrer Ehe bestand Frank darauf, dass sie zur selben Zeit schlafen gingen. Anna war berufstätig und nutzte die späten Abendstunden gerne, um den Haushalt noch ein wenig im Ordnung zu bringen. Frank bestand auf seinem Standpunkt, also gingen sie zur selben Zeit „schlafen". Sobald Anna merkte, dass Frank eingeschlafen war, schlüpfte sie aus dem Bett und machte sich vergnügt an ihre Arbeiten. Wenn Frank wach wurde und merkte, dass Anna nicht da war, wurde er wütend. Es kam zum Streit. Die Situation eskalierte. Schließlich suchten sie sich Rat. Der bestand in dem Hinweis, dass es unsinnig ist, einander vorzuschreiben, wie die innere Uhr gehen muss. Auch hier gilt: Unterschiede gibt es; sie sind einfach da und niemand hat hier eher Recht als der andere. Aber wenn die Unterschiedlichkeit des anderen respektiert wird, lässt sich sicher eine für beide tragfähige Lösung finden.

Frank erzählte uns später, dass es ihm im Grunde um einen Machtkampf ging. „Es war natürlich schlecht für die Romantik, aber ebenso für unsere Kommunikation. Ich musste meine unrealistischen Erwartungen aufgeben und Anna einfach sie selbst sein lassen, einschließlich der Schlafenszeit. Erstaunlich daran ist, dass wir jetzt, wo es nicht mehr um Macht geht, tatsächlich gar nicht so selten zur selben Zeit ins Bett gehen. Manchmal liest Anna noch – wir haben für sie eine Leselampe angebracht, sodass mich das Licht beim Einschlafen nicht stört."

„Auf die Minute" – *„zeitlos glücklich"*

Auch auf dieser Skala liegen wir als Paar so weit auseinander wie nur möglich. Wir haben mittlerweile einige Vorteile dieser Unterschiedlichkeit entdeckt; aber ganz gewiss hatten wir auch mit Schwierigkeiten zu kämpfen. Ich (Claudia) lebe nach der Uhr. Einmal blieb meine Armbanduhr stehen, zehn Minuten, bevor ich zu einem Termin musste. Ich schaute immer wieder auf diese Uhr und kam nicht eine Sekunde auf den Gedanken, sie könne vielleicht falsch gehen. Es dauerte eine halbe Stunde, bis ich registrierte, dass sie stehen geblieben war.

David hingegen ist der klassische „zeitlose" Typ. Er freut sich, dass er überhaupt zu einer Verabredung erscheint. Wie – wir waren vor einer Viertelstunde verabredet? Na und? Jetzt bin ich doch da! Was ist schon Zeit? Ich fand eine für uns beide hilfreiche Lösung. Ich kaufte David eine Armbanduhr mit drei Alarmfunktionen, und manchmal braucht er wirklich alle drei. (Er muss sich dann nur noch daran erinnern, woran ihn der Alarm erinnern sollte!)

Wir lernen voneinander. Ich sehe inzwischen vieles entspannter. Es kommt sogar schon vor, dass ich zehn Minuten zu spät komme. Zu Hochzeiten waren wir allerdings immer pünktlich, und David braucht mittlerweile nur noch eine Uhr mit nur einer Alarmfunktion. Wo würden Sie sich einordnen?

„Auf die Minute" „Zeitlos glücklich"

Wie können Sie den Ausgleich schaffen, wenn Sie beide auch ohne Uhr auskommen könnten? Wecker, Armbanduhren mit Alarmfunktion, Notizzettel und eine tüchtige Sekretärin können helfen. David hat ein Computerprogramm, das ihn an alle wichtigen Termine erinnert. Als sorgfältiger Mensch speichert er alle seine Termine ein – und verpasst sie nur noch selten.

Wenn Sie hier unterschiedlich sind, finden Sie durch echtes Bemühen und mehr Flexibilität eine Balance. David bemüht sich ernsthaft, bei wichtigen Terminen (Seminare, Presseinterviews, Hochzeiten …) pünktlich zu sein. Wenn nicht so viel auf dem Spiel steht, übt Claudia sich in etwas mehr Flexibilität.

Und was ist mit den Schwächen?

Das Ziel einer Ehe ist nicht, sich einander völlig anzugleichen. Schließlich wurden wir als zwei unterschiedliche und eigenständige Menschen geschaffen. Wir müssen uns aber die wichtige Fähigkeit aneignen, einander zu akzeptieren und von den jeweiligen Stärken und Schwächen zu profitieren. Wenn Sie feststellen, dass die Gewichte im Blick auf die bisher aufgezeigten Polaritäten bei Ihnen sehr ungleich verteilt sind oder dass sich einer immer nur auf die Schwächen des anderen konzentriert, müssen Sie miteinander reden.

In einem unserer Seminare fragte ein Teilnehmer: „Wir haben jetzt die ganze Zeit auf unsere Stärken geschaut. Wann sprechen wir denn endlich einmal über die Schwächen unseres Partners?" Nun, normalerweise tun wir beides, aber eine Erfahrung in einem anderen Seminar hat uns in dieser Hinsicht sehr vorsichtig werden lassen. Da nämlich kam ein Teilnehmer zu uns und sagte: „In unserer Ehe gibt es ein großes Problem – die Stärken liegen alle bei mir, die Schwächen alle bei meiner Frau. Heißt das, dass ich mich um alles kümmern muss?"

Wir gaben uns große Mühe, diesen Mann dazu zu bringen, das Anderssein seiner Frau zu akzeptieren. In diesem Fall haben wir es leider nicht geschafft. Wenn wir uns nur auf die Schwächen des Partners oder die eigenen konzentrieren, stochern wir in einer offenen Wunde, die nicht heilen kann. In den zwanzig Jahren unserer Beratungsarbeit haben wir beobachtet, dass es viel mehr hilft, wenn Paare sich auf die Stärken konzentrieren, die sie gemeinsam haben, und sich bewusst machen, welche Kraft und welches Potenzial darin liegt. Wenn wir das nämlich tun, geschieht etwas Erstaunliches: Die Partner lernen voneinander.

Aber Vorsicht: Eine extreme Stärke kann auch zur Schwäche werden. Das Gleichgewicht muss immer wieder neu ausbalanciert werden. Eine Beziehung bietet Ihnen die wundervolle Gelegenheit, einander zu ergänzen und die Stärken, die beide einbringen, gemeinsam zu nutzen. Bevor Sie aber diese gemeinsamen Stärken deutlich sehen und sie auch zu schätzen wissen, müssen Sie zunächst einmal aufhören, unangemessen auf Ihren Partner zu reagieren.

Mit dem Ärger anders umgehen

Die gleichen Dinge, die Sie vor der Heirat an Ihrem Partner anzogen, können in der Ehe zu Irritationen führen. Häufig ärgert es uns, dass der Partner so anders ist, und wir reagieren negativ: Wir nörgeln, kritisieren, machen Vorschriften oder sind beleidigt. Das ist eine ganz automatische Reaktion. Aber es geht darum, nicht mehr automatisch, sondern bewusst zu reagieren. Und zwar anders.

Jesus weist uns nämlich einen besseren Weg. Matthäus 7,3-5 kann man auch folgendermaßen lesen: „Warum siehst du immer zuerst den Splitter im Auge deines Partners, aber den Balken in deinem eigenen Auge bemerkst du gar nicht? Kümmere dich zuerst darum, den Balken aus deinem Auge zu entfernen; dann kannst du auch klar genug sehen, um den Splitter im Auge deines Partners zu entfernen."

Oft konzentrieren wir uns so auf die andere Sichtweise unseres Partners, dass wir unsere eigene unangemessene Reaktion nicht erkennen. Wir schlagen hier folgende Übung vor:

Erstens: Machen Sie eine Liste mit Verhaltensweisen Ihres Partners, über die Sie sich immer wieder ärgern und die Sie zu negativen Reaktionen verleiten. Ihre Liste hat zwei Spalten. In die linke tragen Sie ein, was bei Ihnen eine Reaktion auslöst, in die rechte, wie Sie genau reagiert haben. Vielleicht ist Ihr Partner chronisch unpünktlich. Nehmen Sie automatisch an, dass Sie ihm eben einfach egal sind, oder dass er versucht, Sie damit zu ärgern? Wie reagieren Sie? Halten Sie eine Strafpredigt, seufzen Sie oder strafen Sie ihn mit Nichtachtung?

Es kann sein, dass Sie feststellen, dass Ihre Reaktion schlimmer ist als die Umstände, die sie auslösen. Wenn das so ist, dann stellen Sie sich dieser Tatsache. Und dann zerreißen oder verbrennen Sie die Liste. Zeigen Sie sie nicht Ihrem Partner! Diese Übung ist nur dazu gedacht, dass Sie den Balken aus Ihrem Auge entfernen können! Vielleicht hilft Ihnen folgendes Beispiel:

Verhaltensweisen meines Partners, die mich stören:
1. Kommt immer zu spät

Meine Reaktion auf Unpünktlichkeit:
1. So tun, als ob mich das nicht stört
2. Seufzen, kritischer Gesichtsausdruck
3. Herumnörgeln
4. Vergleich mit anderen
5. Kritisieren
6. Vernachlässigen, nicht beachten
7. Seine Person ablehnen
8. Sexuelle Zuwendung entziehen
9. Ärgerlich werden
10. Eine Szene machen
11. Schweigend vor mich hin schmollen

Zweitens: Machen Sie sich Ihre unangemessenen Reaktionen und Einstellungen bewusst. Denken Sie daran, dass der Sinn dieser Übung darin liegt, die eigenen Reaktionen und Einstellungen unter die Lupe zu nehmen. Es geht hier nicht darum, uns darauf zu konzentrieren, dass der Partner so anders (so unmöglich!) ist. Bevor wir an unserer Beziehung zu anderen arbeiten können, müssen wir lernen, die Verantwortung für unser eigenes Verhalten und unsere Reaktionen zu übernehmen.

Drittens: Akzeptieren Sie Ihren Partner mit seinen Stärken und Schwächen. Sind Sie noch dankbar für die Eigenarten, die Sie einmal bezaubernd fanden? Das Temperament Ihres Partners kann durchaus eine Ergänzung zu dem Ihren sein. Wir können nur uns selbst, nicht aber den anderen verändern. Wenn wir aber anfangen, unser eigenes unangemessenes Verhalten zu verändern, geschieht oft Wunderbares. Als Antwort auf unser Verhalten verändert sich der andere auch. Vergeuden Sie keine Zeit mit nutzlosen Bemühungen, Ihren Partner zu ändern. Konzentrieren Sie sich lieber darauf, dass Sie der Mensch sind oder werden, den Ihr Partner braucht.

Viertens: Wenn Sie erkennen, dass Sie Ihren Partner mit Ihrer Reaktion verletzt haben, bitten Sie ihn um Verzeihung. Keine Beziehung kann wachsen ohne die Bereitschaft, sich immer wieder gegenseitig zu verzeihen. Die perfekte Ehe gibt es nicht, überall kracht es mal von Zeit zu Zeit. Beziehungen sind wie Zimmerpflanzen. Der Pflanztopf kann herunterfallen und zerbrechen, aber wenn die Pflanze in einen neuen Topf eingesetzt wird, wenn sie genügend Wasser und Pflege bekommt, wird sie weiter wachsen und gedeihen. Vergebung ist in einer Ehe sehr wichtig, denn ohne sie geht die Beziehung ein wie eine Pflanze, deren Wurzeln keine neue Erde bekommen. Wenn Ihr Partner Sie um Verzeihung bittet, vergeben Sie ihm. Ein Chefarzt einer Klinik für psychisch und geistig Kranke sagte, dass die Hälfte seiner Patienten als geheilt entlassen werden könnte, wenn sie die Gewissheit erfahren würden, dass ihnen ihre Fehler wirklich vergeben seien.

Wie sage ich: „Es tut mir Leid"?

Wenn Sie Dinge in Ihrem Verhalten entdecken, die sich nur durch Vergebung aus der Welt schaffen lassen, dann bedenken Sie noch Folgendes: Wenn Sie die Sache ansprechen, reden Sie davon, was *Sie* falsch gemacht haben – nicht von den Fehlern Ihres Partners. Ein Beispiel: „Liebling, es war falsch, an dir herumzunörgeln, weil wir zu spät zum Theater kamen. Kannst du mir vergeben?" Und nicht: „Es tut mir Leid, dass ich gemeckert habe, weil wir zu spät zum Theater kamen, aber du weißt auch, dass das nur an dir liegt!" Nutzen Sie die Bitte um Verzeihung nicht zu einem verkappten Großangriff auf den anderen. Denn damit greifen Sie Ihr eigenes Partnerschaftsteam an.

Noch einmal: Zeigen Sie Ihre Liste mit Fehlern und Störungen nicht Ihrem Partner. Diese Übung ist nur für Sie gedacht, damit der Balken aus Ihrem Auge verschwindet!

Die Beziehung zur gemeinsamen Sache machen

Wenn Sie sich auf diese Weise wieder eine „ungetrübte Sicht" verschafft haben, werden Sie die Stärken und Schwächen des anderen in einem neuen Licht sehen. Sie werden wieder offen dafür, in Ihrer Unterschiedlichkeit die Möglichkeit zur gegenseitigen Ergänzung zu sehen – und dazu, dass jeder seinen Teil zum gemeinsamen Ziel einer glücklichen Beziehung beiträgt.

Einige Wochen, nachdem Harald und Lisa an einem unserer Seminare teilgenommen hatten, erzählte uns Lisa: „Wir sind jetzt achtundzwanzig Jahre verheiratet, aber die Vorstellung, dass wir ein Team sind, das ein gemeinsames Anliegen hat, ist für uns revolutionär! Wir waren so festgefahren in unserer Rollenverteilung, dass wir nie auf den Gedanken kamen, von unseren Stärken zu profitieren."

„Das Seminar war für uns ein wirklicher Anstoß. Jetzt versuchen wir, uns auf das Positive zu konzentrieren und unsere Unterschiedlichkeit als Vorteil zu sehen", ergänzte Harald. „Das ist für uns ein ganz neues Konzept. Schon jetzt merken wir, dass es wirklich einen Unterschied macht. Natürlich müssen wir noch hart daran arbeiten, weil wir so leicht wieder in die alten Muster abrutschen. Aber wir wollen dranbleiben und unser Bestes geben."

Und Sie? Sind Sie schon eingestiegen in Ihr eigenes „Beziehungsteam"? Probieren Sie es aus. Betrachten Sie Ihre Partnerschaft als Projekt, das nur Sie beide gemeinsam verwirklichen können – und nur, wenn Sie an einem Strang ziehen. Suchen Sie die verborgenen Schätze, die Sie in Ihre Beziehung einbringen können. Entwickeln Sie eine Bereitschaft zum gemeinsamen Lernen und Wachsen. Sie werden erstaunt sein, was da alles zu Tage tritt! Wir haben schließlich erkannt, dass unser größter Schatz – unsere Unterschiedlichkeit ist. Wie ist das bei Ihnen?

Noch ein Besuch beim Psychologen

Am Anfang dieses Kapitels berichteten wir von unserer Erfahrung mit Persönlichkeitstests und psychologischem Rat. Jahre später hatten wir die Gelegenheit, diese Tests mit demselben Psychologen noch einmal zu machen. Wir waren überrascht und auch erfreut zu hören, dass wir tatsächlich voneinander gelernt hatten. Unsere Schwächen traten nicht mehr so deutlich hervor. Wir waren als Team stärker geworden, und wir waren der lebendige Beweis dafür, dass es funktioniert. Diesen Beweis sollten Sie auch antreten! Entscheiden Sie sich dafür, Ihre Unterschiedlichkeit in den Dienst einer gemeinsamen Sache – Ihrer Beziehung – zu stellen. Diese Entscheidung wird Ihre Ehe ganz gewiss bereichern.

Sie haben die Wahl

Übung fünf: Wir genießen unsere Unterschiedlichkeit

1. Schreiben Sie auf, worin Sie unterschiedlich sind.

2. Schreiben Sie auf, worin Sie sich ähnlich sind.

3. Gibt es Bereiche, in denen Sie sich gegenseitig ergänzen?

4. In welchen Bereichen sind Sie sich so ähnlich, dass es zur Last wird?

5. Schätzen Sie sich und Ihren Partner im Blick auf folgende Eigenschaften ein:

Tatsachenorientiert ←————————————→ Gefühlsorientiert

Introvertiert ←————————————→ Extrovertiert

Spontan ←————————————→ Strukturiert

Aktiv, entscheidungsfreudig ←————————————→ Geruhsam, bedächtig

Nachtmensch ←————————————→ Tagmensch

Pünktlich ←————————————→ Unpünktlich

6. Worin liegen – nach dieser Einschätzung – die Unterschiede und wie ergänzen sie sich?

7. Wo sind Sie sich (zu?) ähnlich, und wie können Sie hier einen Ausgleich finden?

8. Wenn Ihre Unterschiedlichkeit zu Problemen führt, versuchen Sie sich klarzumachen, ob hier evtl. ein „Balken in Ihrem eigenen Auge" steckt (vgl. Übung S. 83f.).

Entscheidung sechs

Wir teilen die Freude – und die Arbeit

Ein Bereich, der in den meisten Beziehungen immer wieder zum Streit führt, ist der ganz und gar unromantische Bereich der Hausarbeit. Die Frage: „Müsste nicht eigentlich jemand den Müll 'rausbringen?" ist fast nie rhetorisch gemeint und hat schon zu heftigen Auseinandersetzungen geführt. Wie entscheiden Sie, wer welche Aufgaben übernimmt? Sind manche Arbeiten geschlechtsspezifisch angelegt? Ist Kochen immer Frauensache? Ist es immer der Mann, der die Finanzen regelt? Wer hilft den Kindern bei den Hausaufgaben? Und nicht zuletzt: Wer putzt das Klo?

Schon wieder: Entscheidung gefragt!

Das letzte Kapitel zeigte uns, wie wir unsere Unterschiedlichkeit zu einem Aktivposten für die Beziehung machen können. Das ist eine gute Basis, um sich nun zu überlegen, wie Zusammenarbeit und Aufgabenteilung aussehen könnte, und, falls Sie Kinder haben, wie Sie die Erziehung gestalten wollen. Sich auch hier für Zusammenarbeit zu entscheiden, wird sich bestimmt auszahlen. Zunächst müssen aber eventuell korrekturbedürftige Vorstellungen ausrangieren. Wir starten oft mit unrealistischen Erwartungen in die Ehe, die wir entweder aus unserer Ursprungsfamilie übernommen oder uns vor der Ehe angeeignet haben.

Bestandsaufnahme: Wer macht was?

Der erste Schritt zu einer gerechten Aufgabenverteilung besteht in einer realistischen Einschätzung der momentanen Situation. Vielleicht müssen Arbeitsbereiche innerhalb und außerhalb des Hauses berücksichtigt werden, und vergessen Sie auch nicht Ihre Arbeit als Eltern. Wenn Sie die verschiedenen Aufgaben auf einer Waage anordnen, bei der jedem Partner eine Waagschale zugeordnet ist, wie sieht es mit dem Gleichgewicht dieser Waage aus?

Wenn zum Beispiel einer eine Teilzeittätigkeit hat, der andere aber eine 70-Stunden-Woche absolviert, ist die Waage nur dann ins Gleichgewicht zu bringen, wenn der weniger arbeitende Partner den größeren Anteil an Familienaufgaben übernimmt. Wir gehen aber zunächst davon aus, dass die berufliche Beanspruchung gleich verteilt ist. Die wichtige Frage lautet: „Wie sieht die Teamarbeit zu Hause aus?"

Auch wenn es noch immer jede Menge unrealistischer Klischees gibt – z.B. das vom so genannten „Macho", der sich die Hände nicht mit Hausarbeit schmutzig macht –, wir kennen viele Paare, die sich die Verantwortung teilen und Arbeit, Kinder und volle Terminkalender gemeinsam bewältigen.

Burkhard und Luisa sind ein Paar um die vierzig. Beide wuchsen mit sehr festen Rollenvorstellungen auf, was die Arbeitsteilung zwischen Mann und Frau betraf. Solange die Kinder noch klein waren und Luisa sich dafür entschied, zunächst Familienfrau zu sein, funktionierte die traditionelle Rollenverteilung auch gut. Ihre Lebensumstände änderten sich jedoch, als Burkhards Firma in Schwierigkeiten geriet. Er behielt zwar seinen Arbeitsplatz, aber die Familie musste eine drastische Gehaltskürzung hinnehmen. Luisa nahm daraufhin eine Stelle als Lehrerin an, damit sie über die Runden kamen.

Burkhards Tagesablauf änderte sich nicht. Er arbeitete nach wie vor hart und kam abends genauso müde nach Hause wie vorher auch. Luisas Tagesplan hingegen änderte sich grundlegend! An fünf Tagen in der Woche kam sie mittags müde heim und musste den Unterricht für den nächsten Tag vorbereiten. An ihren häuslichen Pflichten hatte sich aber nichts verändert, wobei das Kochen noch das Wenigste war. Für Tiefkühlpizza zum Abendessen zeigte Burkhard Verständnis, aber dass er keine sauberen Strümpfe oder gebügelte Hemden mehr hatte, machte ihm doch Probleme. Die Spannung zwischen ihnen baute sich immer weiter auf. Als wir sie in einem Seminar kennen lernten, brauchten sie dringend eine Perspektive.

Ein Licht ging ihnen auf, als wir die Aufgabenverteilung in ihrer Beziehung unter die Lupe nahmen. Die Liste ihrer familiären Aufgaben sah ungefähr so aus:

Luisa
1. Kochen
2. Einkaufen
3. Wäsche (für eine fünfköpfige Familie)
4. Putzen
5. Kinder zu Terminen fahren
6. Babysitter organisieren
7. Hausaufgaben beaufsichtigen

Burkhard
1. Reparaturen im und am Haus
2. Garten
3. Autopflege
4. Finanzen

Hier musste sich etwas ändern. Burkhards Aufgaben waren wichtig und zeitaufwändig, aber er konnte sie auch am Wochenende erledigen. Luisas Arbeitsbereiche konnten nicht flexibel gestaltet werden und forderten mehr von ihr, als sie nach einem anstrengenden Schultag noch geben konnte. Die Last musste anders verteilt werden, auch bezüglich der Erziehungsaufgaben. Die Hauptverantwortung lag auch hier bei Luisa, und sie brauchte Hilfe.

Vielleicht gibt es in Ihrer Partnerschaft ähnliche Spannungen. Listen Sie in einem ersten Schritt die Arbeiten auf, die jeder von Ihnen für Familie und Haushalt übernimmt. Gehen Sie diese Liste durch und sprechen Sie darüber, wer welche Arbeiten gerne bzw. nicht so gerne macht. Dann sehen Sie die Liste noch einmal unter dem Gesichtspunkt durch, wer welche Arbeiten am besten ausführt.

Als wir durch unsere persönliche Liste gingen, zeigte sich, dass ich gerne die Wäsche machte, während David nichts gegen Staubsaugen hatte. Er kümmert sich auch gerne um unsere Finanzen – ein Bereich, der mir Kopfschmerzen verursacht. (Bei dieser Besprechung gestand Claudia David auch sofort und ohne Einschränkungen zu, dass niemand auf der Welt das Bad besser sauber halten konnte als David!)

Realität ist jedoch, dass es immer Arbeiten geben wird, die niemand gerne erledigt. Hier muss man dann auf Kompromisse setzen. Denken Sie daran, es geht darum, Arbeit zu verteilen, und nicht darum, einen Kleinkrieg zu führen. Außerdem ist auch Verständnis wichtig. Jeder kann besser mit Stress umgehen, wenn es zumindest eine Person gibt, die die Situation versteht. Diese eine Person können Sie für Ihren Partner sein.

Als Burkhard und Luisa ihre Bestandsaufnahme durchgesprochen hatten, wurde Burkhard überhaupt erst bewusst, unter welcher Belastung Luisa stand und dass er sich mehr an der Hausarbeit beteiligen musste. Die Lösung für sein „Socken-und-gebügelte-Hemden-Problem" war, vielleicht einmal selbst die Waschmaschine anzustellen. Aber: Wie Sie letztlich die Arbeit verteilen, ist letztendlich gar nicht so wichtig. Wichtig ist, dass Sie das Problem gemeinsam angehen.

Burkhard und Luisa gaben auch ihren inzwischen schulpflichtigen Kindern kleinere Aufgaben. Wenn Luisa nach Hause kam, wollte sie einfach niemandem mehr etwas beibringen. Sie wollte lieber in der Küche etwas Kreatives zaubern. Also wurden Kochbücher für einfache Menüs angeschafft. Mit guter Planung und der Hilfe eines Schnellkochtopfes konnte sie bereits noch vor der Schule das Essen für die Familie vorbereiten. Burkhard übernahm die Beaufsichtigung der Hausaufgaben und nahm Luisa auch einige Fahrten mit den Kindern ab. Für die schweren Arbeiten in Haus und Garten haben Burkhard und Luisa einen Schüler angeheuert, der Gartenarbeit liebt und das Rasenmähen und Mulchen erledigt. Die Waage ist zwar bei den beiden nicht immer vollkommen im Gleichgewicht, aber es läuft doch besser als vorher.

Bis die Schulden uns scheiden

Geld ist in vielen Ehen ein häufiger Streitpunkt. Almut fing wieder an zu arbeiten, damit ihr Mann Michael und sie besser mit ihren finanziellen Schwierigkeiten zurechtkamen. Almut berichtete aber, dass die Beziehung dadurch schwieriger wurde: „Als ich wieder anfing zu arbeiten, dachte ich, ich hätte mein eigenes Geld. Aber mein Gehalt kam einfach mit in den großen Topf, und Michael klärte mich nie über unsere aktuelle Finanzlage auf. Das machte mich verrückt. Ich hätte lieber mein eigenes Konto, von dem ich zu den allgemeinen Ausgaben beitrage."

Was Almut und Michael brauchten, war ein gemeinsam erarbeiteter Finanzplan und eine klare Entscheidung darüber, ob getrennte Konten helfen oder nur verletzen würden.

Es geht nicht darum, wie viele Bankkonten Sie haben, egal ob gemeinsam oder getrennt, oder wie viel Geld Sie zur Verfügung haben. Wichtig ist, dass Sie einen realistischen und umsetzbaren Finanzplan haben, mit dem beide Partner einverstanden sind. Wenn Ihnen getrennte Konten dabei eine Hilfe sind, warum nicht?

Legen Sie finanzielle Ziele fest

Das Festlegen von finanziellen Zielen hilft – vorausgesetzt, beide Partner können diesen Zielen zustimmen. Aber Vorsicht: Vielleicht erreichen Sie alles, was Sie wollten, aber es bleibt Ihnen keine Zeit, die Früchte Ihrer Arbeit auch zu genießen. Alles erreicht – und doch nichts davon gehabt.

In seinem Buch *The Road Less Traveled* schreibt M. Scott Peck, dass zu den Kennzeichen von Reife die Fähigkeit gehört, die Erfüllung von Wünschen zurückzustellen.[11] Wir leben aber in einer schnelllebigen Welt, und die Werbung fordert uns ununterbrochen auf, alle unsere Wünsche sofort zu erfüllen – schließlich gibt es ja Kreditkarten. In so mancher Ehe gäbe es weniger Probleme, wenn die Partner diese Fähigkeit erwerben würden, die Erfüllung von Wünschen aufzuschieben!

Vielleicht müssen wir auch lernen, mit weniger auszukommen. Ohne die Dinge zu leben, die man sowieso nie hatte, ist kein Opfer. Ohne die Werbung, die von allen Seiten auf uns einstürmt, hätten wir manche Wünsche erst gar nicht!

Wir sind keine Finanzberater, gewiss nicht. Wir haben selbst manchmal in diesem Bereich Probleme, aber wir lernen aus unseren Fehlern und manche unserer Erfahrungen sind anderen vielleicht eine Hilfe.

1. Führen Sie – mindestens über einen längeren Zeitraum von mehreren Monaten – Buch über Ihre Ausgaben. So können Sie genau sehen, wo Ihr Geld bleibt – und manchmal werden Sie ziemlich überrascht sein. Dann können Sie Ausgaben oder Sparmaßnahmen entsprechend verändern. Nicht einfach, aber möglich.

2. Bezahlen Sie nur mit Kreditkarte, wenn Sie Geld über die laufenden Kosten hinaus übrig haben. In Monaten, wo es bei uns knapp ist, versuchen wir, ganz ohne Kreditkarte auszukommen. Denn sie verleitet stärker als Barzahlung dazu, sich das eine oder andere noch zu gönnen. Aber die Rechnung kommt bestimmt, wenn auch erst einen Monat später.

3. Vergessen Sie nicht, welche Freude im Geben liegt. Viele unserer Freunde überweisen jeden Monat Geld auf ein separates Konto, von dem sie dann ihre Gemeinde, soziale oder kirchliche Projekte oder karitative Organisationen unterstützen.

4. Sparen ist eine gute Gewohnheit. Entwickeln Sie sie. Wir haben lange gesagt, dass wir es uns gar nicht leisten könnten zu sparen – die Wahrheit ist aber, dass wir es uns gar nicht leisten können, nicht zu sparen. Dabei kommt es nicht so sehr auf die Höhe des zurückgelegten Betrages an, sondern darauf, dass Sparen zur Gewohnheit wird. Legen Sie langfristige und kurzfristige Ziele fest. Wenn Sie bereits größere Kinder haben, überlegen Sie sich ein Familiensparziel, zum Beispiel Sparen für einen gemeinsamen Urlaub.

Wählen Sie Ihren Lebensstil sorgfältig

Das ist natürlich eine sehr persönliche Entscheidung, die aber gemeinsam getroffen werden sollte. Sprechen Sie über das, was Sie brauchen. Das wird bei jedem Paar anders sein. Erinnern Sie sich an die ersten Jahre Ihrer Ehe und vergleichen Sie Ihren Lebensstandard von damals mit dem von heute.

Was ist Ihnen am wichtigsten? Was bedeuten Ihnen Eigenheim, neues Auto, Stereoanlage, Fernseher und Videorecorder? Wie steht es mit Hobbys? Machen Sie ein Liste und denken Sie auch an nicht materielle Dinge wie gemeinsam verbrachte Zeit, Kinder, Freunde, Nachbarschaft und Gemeindeaktivitäten. Schreiben Sie alles auf, was Zeit und/oder Geld kostet.

Leben heißt Entscheidungen treffen

Jürgen und Cornelia hatten ständig Geldsorgen. Die Belastung für ihr Haus und andere finanzielle Verpflichtungen waren kaum zu erfüllen. Bevor die Kinder geboren wurden, arbeiteten beide ganztags und hatten in dieser Richtung keine Probleme. Dann kamen die Kinder, zwei Jungen, und Cornelia wollte zumindest zeitweise zu Hause bleiben, was aber finanziell unmöglich schien. Sie überprüften ihre Prioritäten und finanziellen Ziele und erkannten, dass ein eigenes Haus zwar sehr schön ist, dass es ihnen aber wichtiger war, sich intensiv um ihre Kinder kümmern zu können.

Sie trafen eine mutige Entscheidung. Sie verkauften ihr Haus und zogen in eine Mietwohnung, sodass Cornelia bei den Kindern sein konnte. Wir alle müssen solch schwierige Entscheidungen treffen. Das Gute daran ist, dass wir entscheiden *können* und nicht irgendwelchen von uns nicht beeinflussbaren Zwängen ausgesetzt sind.

Wie werden Sie entscheiden?

Manche Menschen stehen häufiger vor Entscheidungen als andere, aber entscheiden müssen wir alle. Luisa begann wieder zu arbeiten, damit die Familie finanziell besser zurechtkam, Cornelia hingegen entschied sich, zu Hause bei den Kindern zu bleiben. Niemand kann Ihnen sagen, was für Sie das Beste ist. Aber wie Ihre persönliche Situation auch immer aussehen mag, suchen Sie immer nach Wegen der Zusammenarbeit. Wenn Sie beide berufstätig sind, dann machen Sie sich immer wieder das gemeinsame Ziel bewusst, für das Sie das tun. Sie werden dafür all das Kommunikations- und Verhandlungsgeschick brauchen, das Sie aufbringen können. Und immer wieder werden Sie Erwartungen überprüfen und Ziele neu definieren müssen.

Müssen vielleicht Ihre finanziellen Ziele und Prioritäten überarbeitet werden? Wäre es besser, mit weniger Geld auszukommen, damit mehr Zeit füreinander und die Kinder bleibt? Wir hören oft: „Wir arbeiten sehr hart und bringen für unsere Kinder alle möglichen Opfer – damit sie alle Chancen bekommen, die sie haben können." Wir würden dazu sagen: „Wenn Sie wollen, dass Ihre Kinder alle Chancen haben, die sie haben können – dann geben Sie Ihrer Erziehungsarbeit Priorität. Arbeiten Sie zusammen – vor allem auf diesem Gebiet." Wie wird das möglich?

Kleine Kinder und großes Beziehungsglück – geht das zusammen?

Wenn Sie sich darüber klar geworden sind, welchen Lebensstil Sie wählen, sich auf finanzielle Ziele und Ihr ganz persönliches System zur Arbeitsteilung geeinigt haben, wird es Zeit, darüber nachzudenken, wie Sie auch in Ihrer Rolle als Ehepartner und als Eltern ein gutes Gleichgewicht finden und wie Erziehung gemeinsam bewältigt werden kann. Sind Sie in erster Linie nur noch Eltern? Sollte das so sein? Oder sind Sie auch als Ehepartner noch füreinander da? Haben Sie eine Wahl? Wer kümmert sich um die Kinder? Können Sie sich eventuell dann und wann von Ihren Elternpflichten entlasten? Natürlich müssen die dringendsten Bedürfnisse Ihrer Kinder erfüllt werden. Aber das gilt auch für die emotionalen und körperlichen Bedürfnisse in Ihrer Partnerschaft. Wie können Sie gemeinsam erreichen, dass sowohl die Bedürfnisse der Kinder als auch Ihre Ansprüche an Ihre Beziehung erfüllt werden?

Wenn kleine Kinder da sind und ständig Aufmerksamkeit brauchen, ist es nicht einfach, füreinander auch als Ehepartner noch verfügbar zu sein. Aber es ist unerlässlich, wenn Ihre Beziehung wachsen und Bestand haben soll. Und genauso unerlässlich ist es für die Gesundheit Ihrer Kinder. Sie mögen Ihre Kinder lieben, aber wenn Ihre Kinder nicht spüren, dass Sie auch einander lieben, entwickeln sie eventuell Unsicherheiten, die ihre emotionale Entwicklung beeinträchtigen können. Natürlich gilt hier nicht das Prinzip: Entweder – Oder! Kinder sollten nicht als Konkurrenz zum Partner angesehen werden. Versuchen Sie einfach, sich die Erziehungsaufgaben zu teilen, und Sie werden merken, dass Kinder auch eine Bereicherung für Sie als Ehepaar sind.

Haben Sie sich schon einmal überlegt, dass nicht nur die Kinder von den Eltern profitieren, sondern auch umgekehrt? Wir haben erlebt, dass Kinder in der Beziehung eine für beide Seiten bereichernde Erfahrung sein können, und wir möchten eine neue Sichtweise für die Doppelrolle als Eltern und Ehepartner aufzeigen.

Wie Kinder Ihre Ehe bereichern

Die Geburt des ersten Kindes bedeutet im Leben der Eltern einen tiefen Einschnitt. Nichts ist mehr wie es war. Begriffe wie *müde, erschöpft, ausgelaugt* erlangen eine neue Bedeutung. Wir haben selbst erlebt, wie die Elternschaft zur Belastung für eine Ehe werden kann. Aber Kinder können eine Beziehung auch bereichern:

▸ *Kinder erinnern uns daran, dass wir eins sind.* Diese kleinen, quirligen Geschöpfe sind eine ständige Erinnerung daran, dass Sie im wahrsten Sinne des Wortes „eins" sind. Jedesmal, wenn Sie die Zehen Ihres Juniors betrachten, müssen Sie zugeben, dass hier „ganz der Vater" durchkommt, oder dass Ihre Tochter das bezaubernde Lächeln ihrer Mama geerbt hat, dem Sie schon damals nicht widerstehen konnten, und das auch jetzt noch seine Wirkung nicht verfehlt.

Denken Sie an jedes einzelne Ihrer Kinder. Was hat das Kind von Ihnen? Was von Ihrem Partner? Selbst wenn Sie eine Patchwork-Familie oder Ihre Kinder adoptiert sind, geben Sie Ihnen doch viele Ihrer Eigenschaften und Wertvorstellungen mit. Machen Sie sich auf die Suche danach. Machen Sie Ihrem Partner bei passender Gelegenheit Komplimente. „Robin lacht genauso ansteckend wie du", oder: „Jessica hat genau deine großen blauen Augen", oder: „Annika ist genauso unkompliziert wie du. Sie wird sicher einmal gut mit anderen auskommen." Und: Teilen Sie Ihre Beobachtungen ruhig mit. Es wird Ihren Partner ermutigen.

▸ *Kinder fordern zur Teamwork heraus.* Erziehung kann zweifellos besser bewältigt werden, wenn die Eltern sich dabei als Team verstehen. Allein Erziehende wissen, wie schwer es ist, allein für alles zuständig zu sein. Als unsere Kinder klein waren, liefen die Abende besser, wenn wir Arbeitsteilung hatten. Ich wirbelte in der Küche und Dave übernahm Baden und Gute-Nacht-Geschichte. Wir suchten auch andere Lösungen – zum Beispiel baten wir die elfjährige Nachbarstochter, sich während der berühmten „Hauptkampfzeit" um unsere drei Jungs zu kümmern. Das war eine bestimmte Zeit am späten Nachmittag, wenn ich (Claudia) schon fast nicht mehr konnte und das Abendessen auf den Tisch musste. Schenken Sie Ihrer Partnerin gelegentlich einen Gutschein für eine Stunde ohne Kinder – es wird Ihrer Beziehung zugute kommen.

Wie können Sie hier noch aktiver werden? Sammeln Sie Ideen, wie stressbeladene Situationen, zum Beispiel das „Morgenchaos", entzerrt werden können. Einer von Ihnen könnte Frühstück machen, während der andere sich darum kümmert, dass die Kinder vollständig angezogen sind und pünktlich das Haus verlassen. Abends, wenn die Kinder im Bett sind, könnten Sie gemeinsam besprechen, wie Sie mit stressbeladenen Situationen umgehen wollen. Allein das Wissen, verstanden zu werden, ist schon eine große Hilfe zum Stressabbau.

▸ *Kinder helfen uns, einander neu zu sehen und zu schätzen.* Da die Arbeit als Eltern Ihnen weniger Zeit lässt, als Paar zusammen zu sein, werden Sie den anderen auf ganz neue Weise schätzen lernen. Momente des Alleinseins freizuschaufeln ist nicht einfach, aber der Mühe wert. Wenn Sie ein bisschen Zeit haben, machen Sie eine Liste mit positiven Eigenschaften, die Sie an Ihrem Partner durch seinen Umgang mit den Kindern entdecken. Und teilen Sie ihm diese Entdeckungen auch mit. „Weißt du, du bist unglaublich geduldig mit Jenny. Das hilft mir immer wieder, nicht auszurasten, wenn mich eines der Kinder nervt."

▸ *Kinder fördern die Kreativität.* Wenn Sie Kinder haben, ist Ihre Kreativität gefordert. Ihnen fallen unzählige Möglichkeiten ein, Zeit allein zu verbringen. In einem Eheseminar für junge Eltern baten wir die Teilnehmer um Vorschläge, wie man Zeit für sich als Paar finden kann. Ursel, Mutter von 6 Monate alten Zwillingen, erinnerte die Gruppe daran, dass auch Spaziergänge mit Kinderwagen sehr schön sein können. Das Baby kommt an die frische Luft und Sie genießen das gemeinsame Gespräch.

Weitere Vorschläge waren:
- Planen Sie ein „Rendezvous mit Nutzwert". Erledigen Sie mehrere Besorgungen gemeinsam. Auf dem Weg zur Post, zur Reinigung oder zum Supermarkt haben Sie Zeit zum Reden, und auf dem Rückweg ist vielleicht noch ein Eis drin.
- Nutzen Sie die Zeit, wenn Ihre Kinder beim Fußballtraining oder sonstigen Aktivitäten sind. Wenn Sie in der Nähe bleiben müssen, machen Sie gemeinsam einen Spaziergang.
- Gehen Sie auf einen Tennisplatz oder einen eingezäunten Spielplatz.

Nehmen Sie jede Menge Bälle für die Kinder mit. So wird der Tennisplatz zum Großspielplatz, und Sie haben Zeit für ein Gespräch.
- ❏ Wenn Ihre Kinder im Teeniealter sind, planen Sie den Sonntagmorgen als gemeinsame Zeit ein. Bis zum Mittag werden Sie bestimmt nicht von den Kids gestört!

▸ *Kinder sind ein sehr klarer Spiegel unserer Kommunikation. Sie sorgen dafür, dass wir ehrlich bleiben.* Es ist schon erstaunlich, was man sagt oder nicht sagt, wenn kleine Ohren mithören. Sie sind Vorbild. Es reicht schon, wenn wir überlegen, bevor wir den Mund aufmachen. Das allein kann jede Beziehung positiv beeinflussen.

Wir haben auch gelernt, dass wir uns im Wesentlichen einig sein und den Kindern gegenüber das Gleiche sagen müssen. Kinder werden Ihnen beiden dieselbe Frage stellen und sich nach der Antwort richten, die ihnen am meisten zusagt. Wenn in dieser Richtung bei uns keine Einigkeit herrschte, spielten unsere Jungs uns rücksichtslos gegeneinander aus.

Nutzen Sie auch Unterhaltungen mit Ihren Kindern als Sprungbrett für Ihre Gespräche als Partner. Sprechen Sie darüber, wie Sie mit dem Vorsatz zurechtkommen: „Ich sage, was ich meine, und meine, was ich sage." Kinder sind ein Realitätstest. Wenn Reden und Handeln bei uns nicht übereinstimmen, merken Kinder das sofort und stellen uns zur Rede. Sie sagen Ihnen: „Lügen ist nicht gut", lassen sich aber dann am Telefon verleugnen. Oder Sie übersehen an der Kinokasse bereitwillig die Information „Frei ab 16" bei einem Film, den Ihr zwölfjähriger Sohn unbedingt sehen möchte. Kinder brauchen Eltern, die ehrlich und authentisch sind und auch Fehler zugeben können.

▸ *Kinder zu haben bedeutet: Nie mehr Langeweile.* Mit Kindern ist immer etwas los. Die Zeiten, wo Sie abends auf dem Sofa saßen und nicht wussten, was Sie machen sollten, sind vorbei. Wenn Sie keine Pläne haben – Ihre Kinder haben bestimmt welche. Kinder können auch angespannte Situationen entspannen und auflockern. In den meisten Familien, so scheint es, gibt es einen Kasper, der Leichtigkeit und Überraschungen ins Leben bringt. Ihre Ehe wird fröhlicher und weniger langweilig, wenn Sie lernen, mit Ihren Kindern und auch über sich selbst zu lachen.

▸ *Kinder haben heißt: Sie werden reich belohnt.* Miterleben zu dürfen, wie unsere Kinder ihren eigenen Weg gehen und bewältigen, entschädigt für alle Mühe. Auch die vielen Erinnerungen an den Reichtum, den die Kinder für die eigene Beziehung und das eigene Leben bedeuten, sind Teil dieser Entschädigung. Von diesen Erinnerungen werden Sie immer zehren können.

Wie Ihre Ehe Ihre Kinder bereichert

Eines der größten Geschenke, das wir unseren Kinder mitgeben können, ist die sichtbare Liebe zwischen den Eltern, Eltern, die entschlossen sind, Ihre Partnerschaft zur gemeinsamen Sache zu machen. Auch wenn es bereits gesagt wurde: Der beste Weg, unseren Kindern zu einer guten Ehe zu verhelfen, ist, selber eine zu führen – eine positive Beziehung, die sie tagtäglich vor Augen haben, ist der beste Vitaminschub für ihre eigene Ehe. Die folgenden Punkte sind nur eine kleine Auswahl der Faktoren, die unsere Kinder als Schätze mitnehmen können, wenn sie erleben, dass ihre Eltern einander lieben:

▸ *Wir geben Sicherheit, Liebe und das Gefühl: Wir gehören zusammen.* Abraham Maslows Studien über die Hierarchie menschlicher Bedürfnisse brachten u.a. folgende Grundbedürfnisse zutage – und alle werden im Rahmen der Familie gestillt: ein Heim, eine Zuflucht, Sicherheit, Nahrung und Kleidung.[12] Aber das ist nur die Basis. Viel wichtiger ist: Eine gesunde, wachsende, lebendige und liebevolle Partnerschaft zwischen den Eltern gibt Kindern das einzigartige Gefühl von Sicherheit und Liebe. Wenn unsere Kinder die Liebe der Eltern zueinander spüren, fühlen sie sich selbst in dieser Liebe geborgen. Auf dieser Grundlage entwickeln sie ein Zusammengehörigkeits- und Identitätsgefühl. Die Ehe ist eine großartige Gelegenheit, die kommende Generation zu beeinflussen und ein Vermächtnis der Liebe weiterzugeben.

▸ *Wir leben gesunde Beziehungen vor.* Von der Art und Weise, wie Sie Ihre Ehebeziehung gestalten, lernen Ihre Kinder, selbst gesunde Beziehungen aufzubauen. Die Fähigkeit, zu anderen eine positive und tiefe Beziehung zu schaffen, ist eines der großen Geschenke, das wir unseren Kindern geben können.

Was leben Sie Ihren Kindern vor? Von Ihnen lernen sie, eigene Gefühle auszudrücken und mit Wut und Ärger positiv umzugehen. Als unsere Kinder noch klein waren, brachten wir ihnen die „Gefühlsformel" bei. In etwa sagten wir oft zu ihnen: „Aus dem, was du sagst, höre ich starke Gefühle heraus. Das ist auch okay, aber könntest du es noch einmal sagen und dabei mit „Ich" beginnen?" Das war nicht nur für unsere Kommunikation mit unseren Kindern eine Hilfe, sondern auch für ihre späteren Freundschaften und Ehebeziehungen.

▸ *Wir geben Orientierung.* Unsere Aufgabe als Eltern ist es, unseren Kindern verlässliche Orientierung zu bieten. Es ist allerdings mehr als verwirrend, wenn Mum und Dad dabei unterschiedliche Anweisungen geben. Wenn wir uns aber einig sind, vermitteln wir damit eine positive Botschaft. Unsere Kinder lernen, uns zu vertrauen. Sie wissen, wir sind nicht perfekt, aber wir sind authentisch und ziehen am selben Strang. Das hält die Kommunikationskanäle offen, und auch als Erwachsene werden sie uns noch um unsere Meinung bitten (und hin und wieder werden wir uns die Freiheit nehmen, sie auch zu sagen!).

▸ *Wir sind ihre erste Lebensschule.* Das Zuhause ist für Kinder die erste Lebensschule. Da es im Leben viel um Beziehungen geht, ist die Ehe der ideale Ort, um die wichtigsten Lebenslektionen zu lernen. Schreiben Sie auf, welche Lektionen Sie von Ihren Eltern gelernt haben und was Sie hoffen, an Ihre Kinder weiterzugeben. Dinge wie Teamwork, Haushalten (nicht nur mit Geld), Selbstachtung, Verantwortungsbewusstsein, Achtung vor anderen, Grenzen, Umweltbewusstsein … Ihre Liste wird sicher viel länger sein.

▸ *Wir geben Traditionen und Wertvorstellungen weiter.* Die Ehe ist eine großartige Möglichkeit, Traditionen und Wertvorstellungen an unsere Kinder weiterzugeben! Für uns gehört dazu ganz wesentlich auch der Versuch, unseren Kindern unsere Glaubensüberzeugung weiterzugeben. Wir wollten unser „geistliches Erbe" mit unseren Kindern teilen. Deshalb suchten wir im Alltag immer wieder Gelegenheiten, mit ihnen über den Glauben, über unsere Werte und über Fragen nach Wahrheit, Sinn und Ziel des Lebens zu sprechen. Aber unser Glaube wird für unsere Kinder nur überzeugend sein können, wenn er unser ganzes Leben prägt und wir im Einklang mit dem leben, was wir glauben und sagen. Und jeder einzelne Tag ist eine Bewährungsprobe für unsere Glaubwürdigkeit.[13]

Natürlich sind Kinder kein genaues Abbild ihrer Eltern und werden als Erwachsene nicht alle Überzeugungen und Wertvorstellungen ihrer Eltern übernehmen. Und doch werden die tragenden Grundüberzeugungen sehr häufig in der Ursprungsfamilie erworben und übernommen. Für Sie als Eltern und Paar ist es vielleicht sinnvoll, sich über Ihre eigenen Grundüberzeugungen klar zu werden, vielleicht sogar schriftlich. Welche Traditionen sind uns kostbar? Wie drücken sich unsere Grundüberzeugungen aus? Wie leben wir sie unseren Kindern vor? Müssen wir vielleicht hier und da eingeschlichene Gewohnheiten korrigieren?

Noch einmal das Wesentliche

Was leben Sie Ihren Kindern vor? Ziehen Sie an einem Strang – im Blick auf Ihre Partnerschaft, aber auch in der Erziehung? Wissen Ihre Kinder, dass Sie sich lieben und dass Ihre Liebe zu ihnen auf einer starken Ehebeziehung basiert? Sehen Ihre Kinder, dass Sie sich die Verantwortung teilen und auf anderen Gebieten gut zusammenarbeiten? Welche finanziellen Entscheidungen treffen Sie? All diese Fragen haben Auswirkungen, sowohl auf die Ehe als auch auf die Kinder.

Ein bekannter Kinderpsychologe sagte in einem Interview auf die Frage, was das Geheimnis einer erfolgreichen Erziehung sei: „Geben Sie halb so viel Geld für Ihre Kinder aus, aber schenken Sie ihnen doppelt so viel Zeit." Vielleicht gilt diese Regel auch für eine lebendige und glückliche Ehebeziehung – investieren Sie doppelt so viel Zeit und halb so viel Geld. Es liegt an Ihnen. Überprüfen Sie Ihr Leben und Ihre Partnerschaft. Stecken Sie Ihren Kurs ab. Sie können sich für bessere Zusammenarbeit und mehr Arbeitsteilung entscheiden. Davon wird nicht nur Ihre Beziehung profitieren, sondern auch Ihre Kinder.

Sie haben die Wahl

Übung sechs: Wir teilen die Freude – und die Verantwortung

1. Sind Sie zufrieden mit der Aufteilung von Arbeitszeit und Familien- oder Beziehungszeit? Wenn nicht, welche Möglichkeiten bestehen, ein Gleichgewicht in Ihrem Sinn herzustellen?

2. Gibt es in der Woche (im Monat, im Jahr) bestimmte Zeiten, die besonders anstrengend sind? Wenn ja, wie können Sie sich gegenseitig als Ehepartner besser unterstützen?

3. Beziehen Sie Ihren Ehepartner in Ihre Arbeitswelt mit ein?

4. Überprüfen Sie die momentane Aufgabenverteilung für sich und Ihren Partner. Teilen Sie auf in Arbeiten zu Hause und Arbeiten außer Haus.

Arbeiten außerhalb

Er	*Sie*
_____	_____
_____	_____
_____	_____
_____	_____
_____	_____
_____	_____

Arbeiten zu Hause

Er *Sie*

_____   _____
_____   _____
_____   _____
_____   _____
_____   _____
_____   _____
_____   _____

Ist einer von Ihnen überlastet? Welche Veränderungen brauchen Sie? Wie können anfallende Arbeiten ausgeglichener verteilt werden?

5. Wie ausgeglichen sind Ihre Rollen als Ehepartner und Elternteil?

6. Wie bereichern Ihre Kinder Ihre Ehe?

7. Wie bereichert Ihre Ehe Ihre Kinder?

Entscheidung sieben

Wir konzentrieren uns auf das Positive

Erinnern Sie sich an Mona und Frank aus Kapitel 1? Wie gelang es ihnen, ihre Beziehungskrise zu überwinden? Eine wesentliche Rolle spielte eine bestimmte Grundentscheidung – eine Entscheidung, die auch für Ihre Beziehung hilfreich sein kann.

Noch einmal Frank und Mona

Frank und Mona sahen sich plötzlich mit der Tatsache konfrontiert, dass sie im Laufe der Jahre unkluge Entscheidungen getroffen hatten. Sie waren aber entschlossen, alles zu tun, damit ihre Ehe wieder funktionierte. Die Aufbauarbeit begann mit der Entscheidung, ihre Beziehung an die erste Stelle zu setzen. Gleichzeitig mussten sie die drei Säulen ihrer Beziehung (Verlassen, Sich-Verbinden und Einswerden) noch einmal ganz neu bedenken und umsetzen.

Frank ließ uns in einem kurzen Brief wissen, dass sie an vielen Fronten kämpften: kommunikationsfähig zu werden, ihren Frust angemessener zum Ausdruck zu bringen und Streit und Meinungsverschiedenheiten fair auszutragen. Wesentlich voran kamen sie, indem sie sich nicht mehr als Gegner oder Konkurrenten verstanden, sondern ihre Beziehung als ihr gemeinsames Projekt betrachteten, in dem ihre Unterschiedlichkeit nicht mehr zum Streitpunkt wurde, sondern als Chance verstanden werden konnte. „Manche Probleme", so schrieb Frank, „werden wohl weiter bestehen. Der Unterschied ist nur – wir können das jetzt akzeptieren." All das klang sehr hoffnungsvoll. Aber der Augenblick, der uns überzeugte, dass sie es schaffen würden, kam erst, als ihnen die Augen aufgingen für das Potenzial an Positivem, das es in ihrer Beziehung durchaus gab.

Sich auf das konzentrieren, was die Beziehung aufbaut

Mitten in einem Beratungsgespräch hatte Frank auf einmal eines dieser „Aha-Erlebnisse". Er schaute Mona an und sagte: „Weißt du, trotz aller Probleme, die wir im Laufe der Zeit angesammelt haben, ist doch in unserer Ehe noch ein großes Potenzial an gutem Willen vorhanden. Ich mag dich wirklich, auch wenn ich das nicht immer in meinem Verhalten erkennen lasse. Und ich will, dass es zwischen uns wieder besser läuft."

Mona (mit diesem gewissen Lächeln) erwiderte: „Ja, das ist tatsächlich wahr. Selbst in diesen schwierigen Jahren ist doch zwischen uns auch viel Verstehen und Bereitschaft, aufeinander zuzugehen, gewachsend. Es wird Zeit, dass wir uns mehr darum kümmern, dass davon noch mehr wächst!"

Bingo! Sie hatten verstanden! In diesem Moment stand für uns fest: Frank und Mona schaffen es. Sie entschieden sich für einen guten Weg – die Gesten des guten Willens der letzten Jahre zu nutzen und die Weichen für eine positive Zukunft zu stellen.

Für uns liegt einer der Schlüssel zu einer guten, auf Lebenszeit angelegten Ehe darin, das Positive immer höher zu halten als das Negative. Das Ergebnis sind Beziehungen, in denen die Partner sich wirklich mögen und ihr Zusammensein genießen – Ehepartner, die einander die besten Freunde sind. Bei unserer nationalen Umfrage unter Paaren, die schon mehr als zwanzig Jahre verheiratet waren, zeigte sich, dass der deutlichste Erfolgsindikator in langfristigen Beziehung in dem Ausmaß an Freundschaft lag, die die Partner miteinander verbindet.

Mona und Frank erlebten den entscheidenden Durchbruch, als sie erkannten, wie wichtig es ist, in einer Beziehung immer wieder aufeinander zuzugehen und mit Gesten und Worten solche Aspekte in die Beziehung einzubringen, die aufbauen statt demotivieren oder klein machen. Es war deutlich spürbar, dass es ihnen noch schwerer gefallen wäre, ihre Ehe wieder in Schwung zu bringen, wenn sie nicht auf diesen Vorrat an gutem Willen aus den Jahren zuvor hätten zurückgreifen können.

Hoffentlich können Sie auch so einen Vorrat entdecken, wenn Sie über Ihre Beziehung nachdenken. Selbst wenn er nur klein ist – bitte nicht in Panik verfallen oder aufgeben. Sie können heute anfangen, diesen Vorrat zu vergrößern. Es ist Ihre Entscheidung!

Negatives zurücktreten lassen, das Positive hervorheben

Das Gegenteil von gutem Willen ist, den Partner ständig niederzumachen. Das ist mit das Grausamste und Liebloseste, was Sie tun können, denn es attackiert das Herz jeder Beziehung.

Wir alle haben Ermutigung dringend nötig. Wenn wir uns als Ehepartner nicht ermutigen und aufbauen, wer dann? Unsere Vorgesetzten und Kollegen? Rechnen Sie nicht damit. Unsere Kinder – ob Grundschüler oder Teenies? Lächerlich! Wie viele Kinder kommen schon nach Hause und sagen: „Mama, Papa, ich möchte euch sagen, dass ich es wirklich schätze, dass ihr so konsequent seid und mir nicht alles durchgehen lasst und dass ihr mir manches verbietet, was ich gerne tun möchte, weil ihr genau wisst, dass es nicht gut für mich ist."

Und unsere Freunde? Ermutigen sie uns? Wenn wir Glück haben schon, aber auch damit können wir nicht rechnen. Unser Partner braucht unsere Ermutigung. Sie können Ihren Partner positiv beeinflussen, wenn Sie sich bewusst dafür entscheiden, ihn aufzubauen und nicht zu demontieren. Hier sind drei Tipps für den Anfang: Lernen Sie, das Positive zu sehen. Sprechen Sie Anerkennung auch aus. Und: Entwickeln Sie Humor.

Vor der Ehe ist es leicht, nur das Positive im Partner zu sehen. Aber im Alltag verblasst die rosarote Brille. Haben Sie vielleicht – wie wir – erst nach der Hochzeit entdeckt, dass der Mensch, den Sie für perfekt hielten, auch unangenehme Eigenschaften besitzt? Im alltäglichen Zusammenleben geht es nicht ohne Reibereien ab, und man gewöhnt sich schnell daran, nur noch das Negative zu sehen. Warum? Sehen Sie sich das folgende Schaubild an.

Was fällt sofort ins Auge? Der kleine schwarze Punkt? Wir neigen dazu, die hellen Bereiche zu ignorieren, und sehen nur noch den schwarzen Punkt. Genauso neigen wir dazu, uns auf die Fehler und Schwächen des Partners zu konzentrieren. Warum? Spiegeln sich darin vielleicht unsere eigenen Unsicherheiten?

Wenn Sie sich selbst unsicher fühlen, ist es schwer, den anderen aufzubauen. Wenn Sie mit persönlichen Problemen kämpfen, ist der Gang zu einem Seelsorger oder Psychologen Ihres Vertrauens das Beste, was Sie für Ihre Ehe tun können.

Vielfach reicht es aber aus, sich einfach nur wieder auf das Positive zu besinnen. Eine Seminarteilnehmerin sagte uns einmal: „Ich sehe nur noch das Negative an meinem Mann. Ich hab mir irgendwie angewöhnt, seine positiven Seiten zu ignorieren. Ich übersehe sie einfach. Stattdessen konzentriere ich mich auf seine Schwächen. Jetzt wird mir neu bewusst, dass auch in Beziehungen alles im Fluss ist. Es muss ja nicht so bleiben, wie es jetzt ist. Ich möchte, dass unsere Beziehung wieder eine positive Richtung bekommt. Ich werde ab heute jeden Tag nach Gelegenheiten suchen, meinem Mann etwas Aufbauendes zu sagen."

Was schon Goethe wusste

Von Johann Wolfgang von Goethe stammt die Einsicht: „Behandle einen Menschen so, wie er ist, und er wird auch so bleiben, wie er ist. Behandle ihn, als wäre er das, was er sein sollte, und er wird eben dieser bessere und größere Mensch werden." Beginnen Sie, Ihren Partner mit Goethes Augen zu sehen. Vielleicht steht Ihr Partner gerade vor einer Entscheidung, die für ihn ein großes Risiko bedeutet. Vielleicht lernt Ihre Partnerin gerade etwas Neues oder steht vor einem Karrieresprung. Erkennen Sie doch einfach die Stärken Ihres Partners an und bestärken Sie ihn in seinem Wunsch nach Weiterentwicklung. Die folgenden Schritte können dabei helfen, sich auf das Positive zu konzentrieren.

Stärken stärken

Entscheiden Sie sich dafür, Ihre jeweiligen Stärken zum Zentrum Ihrer Aufmerksamkeit zu machen. Jeder Mensch hat Stärken und Schwächen. Sie haben nichts mit Erfolg oder Misserfolg einer Ehe zu tun. Sie stecken einfach den Rahmen ab, in dem wir unsere Beziehung gestalten, das Spielfeld, sozusagen. Auf diesem Spielfeld müssen wir dem anderen Raum geben, damit er seine Stärken ausleben und von ihnen her das Leben gestalten kann. Aber sogar in unseren Schwächen können wir voneinander lernen. Wie würden Sie in folgender Situation reagieren?

Ihr Partner ist ein Organisationsgenie, Sie leben nach dem Motto „Das Genie beherrscht das Chaos". Wie gehen Sie damit um?
❑ Sie versuchen erst gar nicht, selbst organisierter zu werden – schließlich können Sie diesen Wettbewerb nur verlieren.
❑ Sie kritisieren den Partner als pingelig.
❑ Sie geben Ihrem Partner zu verstehen, dass Sie diese Eigenschaft an ihm schätzen, und versuchen, in diesem Bereich dazuzulernen.

Stellen Sie sich eine andere Kombination vor: Sie sind von der Marke Einsiedler, aber Ihr Partner ist das Zentrum jeder guten Unterhaltung. Wie gehen Sie damit um?
❑ Sie kritisieren Ihren Partner als geschwätzig.
❑ Sie schicken Ihren Partner als Ihren Vertreter zu allen gesellschaftlichen Ereignissen.
❑ Sie schätzen das Naturtalent Ihres Partners in diesem Bereich, drücken diese Wertschatzung auch aus und profitieren von dem entsprechenden Insiderwissen.

Jeden Tag stehen wir erneut vor der Entscheidung, ob wir von den Stärken unseres Partner profitieren oder aber sie als Bedrohung empfinden wollen. Wissen Sie zu schätzen, was Ihre Partnerin an Stärken in Ihre Beziehung einbringt? Das wird Ihnen in schwierigen Zeiten helfen. Wir haben entdeckt, dass unsere schwierigsten Zeiten sich oft dann zum Positiven wandelten, wenn wir die Stärken des anderen anerkannten.

Das Jahr, bevor wir ganz in die Ehe- und Familienberatung einstiegen, war sehr schwierig. Unser Beratungsinstitut Marriage Alive war gerade ins Leben gerufen worden, und das Jahr war voll gepackt mit Besprechungen, Vorschlägen, Terminen und immer wieder Verzögerungen. Es war so anstrengend, dass wir schon fast aufgeben wollten. Kaum hatten wir drei Schritte vorwärts gemacht, folgten gleich darauf wieder zwei zurück. Wenn wir uns nicht immer wieder gegenseitig ermutigt hätten, hätten wir dieses Jahr wohl nicht überstanden.

David sagte Claudia immer wieder, dass ihre Kreativität und ihr Organisationstalent bei der Formulierung unserer Konzepte sehr nützlich waren. Claudia ermutigte ihn in seinem Enthusiasmus, diese Konzepte unserer Dachorganisation und den Sponsoren vorzulegen. Claudias Disziplin und Antriebskraft sorgten dafür, dass wir an unserem Traum weiterarbeiten konnten, und wenn sie entmutigt war, halfen Davids Besonnenheit und Beständigkeit uns weiter. So hielten wir durch, bis das Okay zum Aufbau dieser Arbeit kam. Auf sich allein gestellt hätte jeder von uns wohl aufgegeben. Setzen Sie sich Zusammenarbeit als Ziel, nicht Konkurrenz. Und so erreichen Sie dieses Ziel:

Spüren Sie positive und negative Momente auf

„Wenn eine Ehe stabil sein soll, müssen jedem negativen Moment mindestens fünf positive Momente gegenüberstehen."[14] In zu vielen Ehen ist es jedoch umgekehrt. Wenn Sie Ihren Umgang miteinander bewusst überprüfen, wie sieht dieses Verhältnis bei Ihnen aus? Steht es 5:1 für die positiven Momente oder nicht doch eher 1:5?

Ein Test für die Mutigen: Schreiben Sie in den nächsten 24 Stunden einmal genau auf, welche positiven und welche negativen Dinge Sie zu Ihrem Partner sagen. Und denken Sie daran, dass ein Verhältnis von 5:1 gerade so ausreicht. Andere Ehespezialisten betrachten ein Verhältnis von 7:1 als besser.

Erstellen Sie eine Positivliste

Es ist leicht, dem anderen gegenüber negative Gedanken mit Worten auszudrücken. Wenn aber positive, zärtliche Gedanken in uns sind, behalten wir sie oft für uns. Aufgeschrieben sind sie zumindest nicht mehr nur Gedanken und können dann auch zu Worten werden.

Auch in dieser Hinsicht orientieren wir uns an einem biblischen Rat. Der Apostel Paulus gab ihn den Christen in Philippi: Gebt dem Positiven in euren Gedanken Raum, nicht dem Negativen. Er schrieb (Philipper 4,8): *„Orientiert euch an dem, was wahrhaftig, gut und gerecht, was anständig, liebenswert und schön ist. Wo immer ihr etwas Gutes entdeckt, das Lob verdient, darüber denkt nach."*
Tun wir nicht oft das Gegenteil? Wir bleiben an dem hängen, was nicht wahr, was falsch oder negativ ist. Es lohnt sich, positive Gedanken zu entwickeln. Um jedoch stabile Gewohnheiten zu entwickeln, braucht man Zeit und Durchhaltevermögen – seien Sie also hartnäckig. Machen Sie zuerst eine Liste für sich selbst. Denken Sie über Ihren Partner nach und schreiben Sie etwas auf, was an ihm wahrhaftig ist. Zeigt er vielleicht deutlich seine Liebe zu Ihnen? Wie tut er das? Was ist gut und gerecht an ihm? Vielleicht ist er in Geschäfts- und Finanzdingen seriös. Vielleicht verbreitet er keine Gerüchte, sondern redet nicht über Dritte. Wo ist etwas liebenswert und schön? Vielleicht fallen Ihnen noch viel mehr positive Dinge an Ihrem Partner auf.

Wenn Sie merken, dass Sie wieder einmal in negative Denkmuster fallen, holen Sie die Liste hervor und füllen Sie Ihre Gedanken mit den positiven Qualitäten Ihres Partners. Weiß Ihr Partner, wie sehr Sie ihn lieben und schätzen? Formulieren Sie das einmal für sich selbst. Wann haben Sie Ihrem Partner zum letzten Mal ein Kompliment gemacht? Falls das schon länger als eine Woche her ist – werden Sie aktiv. Fangen Sie an, Anerkennung und Ermutigung auszuteilen.

Anerkennung aussprechen – aber ehrlich

Dass Anerkennung und Lob mehr bzw. Besseres bewirken als negative Kritik, hat sich mittlerweile herumgesprochen. Worum geht es, wenn ich ehrliche Anerkennung aussprechen möchte? Gewiss nicht darum, jemandem mit völlig aus der Luft gegriffenen Gründen etwas Nettes zu sagen. Hier ist unsere Definition von Anerkennung oder Lob:
Anerkennung heißt: In Worte fassen, was Sie am anderen schätzen.
Hier sind einige praktische Hinweise, wie Sie das tun können.

1. Seien Sie konkret.
Einige Beispiele: „Ich mag es, wenn du die Initiative für Zärtlichkeiten ergreifst."
„Ich freue mich darüber, dass du daran denkst, mich anzurufen, wenn es später wird."
„Ich mag die Art, wie du zuhörst, wenn ich über meine Gefühle spreche."

Eine kleine Warnung ist hier allerdings angebracht: Wenn Sie Ihrem Partner Ihre Anerkennung in sehr persönlichen, vielleicht auch intimen Dingen mitteilen wollen, stellen Sie sicher, dass er oder sie der Einzige ist, der es zu hören bekommt. Irgendwo auf der Welt gibt es drei Geschäftspartner von David, die wahrscheinlich heute noch glauben, dass das Ehepaar Arp ein bisschen merkwürdig ist.

David hatte für sein Büro einen neuen Anrufbeantworter bekommen. Nachdem dieser angeschlossen war, ging er mit drei Geschäftsfreunden zum Essen. Da sie mit der Besprechung während des Essens nicht fertig wurden, kamen sie ins Büro zurück. David war ganz aufgeregt, als er sah, dass das Lämpchen am Anrufbeantworter blinkte, das bedeutete nämlich, dass jemand eine Nachricht aufgesprochen hatte. Er drückte auf den Abspielknopf und hörte Claudias Stimme, die eine wirklich ziemlich intime Freundlichkeit durchgab ... Er wollte das Band sofort abstellen, fand aber in der Aufregung nicht den richtigen Knopf. Bis zum heutigen Tag sind sich die Zeugen dieses Auftritts nicht sicher, wer da eigentlich angerufen hat ... (Nach der Besprechung ließ David übrigens alles stehen und liegen und kam umgehend nach Hause!)

2. Beschreiben Sie – vergleichen Sie nicht.
Ein Vergleich kann Ärger einbringen. Sie sagen vielleicht zu Ihrem Partner: „Niemand auf der Welt küsst besser als du!" Mögliche Reaktion: „Woher weißt du das?" Sagen Sie doch einfach: „Ich mag die Art, wie du mich küsst."

Anerkennung ist ehrlich

Schmeichelei ist keine Anerkennung. Der Adressat fühlt sich unbehaglich und manipuliert.
Ein ehrlich gemeintes Kompliment ist eine schöne Sache. Es tut gut zu sehen, dass mein Partner mein Bemühen um Veränderung in bestimmten Bereichen bemerkt. Vor einigen Jahren hatte ich (Claudia) eine Rückenverletzung und bemühte mich redlich, wieder fit zu werden. Ich stemmte Gewichte, machte regelmäßig meine Übungen und fing an mit Walking. Es ging mir natürlich hauptsächlich darum, wieder gesund zu werden. Die Nebeneffekte waren allerdings auch nicht zu verachten: gestärkte Muskeln, straffere Haut und weniger Kilos auf der Waage. David bemerkte das, und ich freute mich über seine anerkennenden Bemerkungen: „In dieser Hose siehst du toll aus."

Anerkennung braucht Worte

Auch wenn wir viel Positives über unseren Partner denken, die tatsächliche Kraft all dieser Gedanken wird erst freigesetzt, wenn wir sie auch aussprechen. In einem Gesprächskreis für Ehepaare ging es einmal darum, wie man den anderen ermutigen kann. Die meisten Paare mussten zugeben, dass es noch nicht zur guten Gewohnheit geworden war, sich regelmäßig etwas Positives zu sagen. Sie beschlossen, ihrem Partner in der kommenden Woche mindestens fünf Komplimente zu machen. Am Ende dieser Woche gab eine der Frauen zu: „Es klang schon etwas merkwürdig, als ich diese anerkennenden Worte aus meinem eigenen Mund hörte. Aber während ich sie sagte, konnte ich meinen Mann plötzlich in einem ganz anderen Licht sehen."
Denken Sie an gestern oder vorgestern. Haben Sie Ihren Partner kritisiert? Ober waren Sie großzügig mit Ihrer Anerkennung? Denken Sie daran: Auch die positivsten Gedanken werden erst durch Worte für den anderen wirksam. Vielleicht möchten Sie die folgenden Vorschläge ausprobieren:

Einige Wege, Anerkennung weiterzugeben

1. Schreiben Sie Ihre Ermutigungsbotschaft auf. Jeder bekommt gern Post. Schreiben Sie Ihrem Partner oder legen Sie Kleinigkeiten mit einer Botschaft irgendwohin, wo er sie leicht entdecken kann. Das macht Spaß! Unsere Freundin Lucy, lange Jahre verheiratet, ist ein Postkarten-Fan. Wenn Sie eine Karte findet, die ihr gefällt, die aber nicht genau das ausdrückt, was sie gerne sagen möchte, entwirft sie sie zu Hause nach ihren Vorstellungen neu.

Sparen Sie nicht mit Komplimenten und seien Sie kreativ. Einmal, zum Erntedankfest, entwarf ich für David und jedes der Kinder ein Wortspiel. Das für David sah folgendermaßen aus:

Dave ist …

E	hrlich
R	ichtig intelligent
N	ie langweilig
T	oller Vater
E	inmalig
D	urchtrainiert
A	ngenehmer Gesellschafter
N	ett (sehr!)
K	reativ in der Liebe

Nach dem 14. Februar kann man meist billig an Valentinskarten kommen. Wir haben uns in einem Jahr einen ganzen Vorrat zugelegt und immer wieder eine davon irgendwo versteckt. Wenn einer von uns eine Karte fand, wurde sie noch einmal versteckt – diesmal für den anderen.

2. Machen Sie eine Liste. Schreiben Sie auf, was Sie an Ihrem Partner schätzen. Unser Freund Joe schrieb einunddreißig Dinge auf, die er an seiner Frau Linda sehr schätzte. Er schrieb sie einzeln auf Zettel, faltete sie ganz klein zusammen, steckte sie in leere Arzneikapseln und gab sie Linda zusammen mit dem „Rezept": Täglich einmal für die Dauer eines Monats.

3. Verschenken Sie Gutscheine. Gutscheine machen immer Spaß. Hier einige Vorschläge:
- Massage mit warmem Öl
- Frühstück im Bett
- Abendessen in einem Restaurant deiner Wahl
- Picknick zu zweit
- 5-Kilometer-Spaziergang

4. Machen Sie kleine Geschenke – einfach so. Einmal kaufte Dave mehrere kleine Flaschen mit Parfüm und Körperlotion aus einem Sonderangebot. Er packte jede Flasche nett ein und versteckte jeden Abend eine davon unter meinem Kopfkissen. Am ersten Abend war ich sehr überrascht, am zweiten noch mehr – ab dem dritten ging ich ungewöhnlich früh zu Bett.

Aber Vorsicht: Wenn Ihr Partner dieses Buch gelesen hat und Sie nun mit kleinen Geschenken, Briefen und anderen Aufmerksamkeiten überhäuft, genießen Sie es. Sagen Sie nicht: „Das sind ja alles nur die Vorschläge aus diesem Buch." Werden Sie selbst erfinderisch, um Ihre Wertschätzung auszudrücken, und seien Sie dankbar, dass Sie einen so aufmerksamen Partner haben. Und dann lernen Sie vor allem, miteinander zu lachen.

Sinn für Humor entwickeln

Ermutigung und Lachen hängen eng zusammen. Es gibt Zeiten im Leben, wo man nicht weiß: Soll man lachen oder weinen? Wir versuchen immer, uns für das Lachen zu entscheiden. Lachen löst Spannungen und ist gesund. Es ist definitiv gesund für eine Beziehung.

Wenn wir zusammen lachen, können wir alles andere leichter nehmen. In Stresssituationen profitieren wir davon, dass wir uns angewöhnt haben, irgendetwas an der Situation zu entdecken, was die Lage entschärft. Nicht selten berichtet uns jemand, dass Haustiere sehr dazu beitragen können, diese Perspektive auf die heitere Seite des Lebens nicht zu verlieren. Daniel und Monika zum Beispiel erzählten folgende Episode: Daniel studierte Medizin, Monika arbeitete, es bestanden noch viele andere Verpflichtungen, und all das forderte seinen Tribut. Als

Monika einmal nach einem langen Arbeitstag nach Hause kam, wurde sie von den drei Katzen begrüßt – und alle drei trugen eine Krawatte! Daniel wollte Monika zum Lachen bringen und hatte drei seiner Schlipse geopfert. (Es hat funktioniert.)

Es wird immer wieder schwierige Situationen im Leben geben. Wenn wir uns dann zurücknehmen, uns selbst nicht ganz so wichtig nehmen und etwas zum Lachen finden, kann unsere Beziehung in einer positiven Spur bleiben.

Schritte zu einer humorvollen Weltsicht

Wenn Lachen nicht gerade zu Ihren natürlichen Lebensäußerungen gehört, helfen Ihnen vielleicht folgende Vorschläge:

▸ *Gestehen Sie sich zu, auch einmal nicht perfekt sein zu müssen.* Niemand ist perfekt. Sie nicht, und Ihr Ehepartner auch nicht! Wenn man sich selbst nicht so furchtbar ernst nimmt, kann man entspannen, lachen und muss das Leben nicht mehr so schwer nehmen. Wenn Sie zusammen lachen, sich auch einmal auf den Arm nehmen können, tut das Ihrer Ehe gut. Allerdings: Es gibt einen feinen Unterschied zwischen Humor und sich über den anderen lustig machen. Lachen Sie *mit* Ihrem Partner, nicht *über* ihn.

▸ *Kultivieren Sie Ihren Humor.* An unserer Kühlschranktür hängen Cartoons und Witze. Wir versuchen, jeder Situation noch eine komische Seite abzugewinnen, auch wenn es schwierig ist. Vor kurzem saßen wir auf dem Flughafen von Minneapolis fest, weil unser Flug schon zum dritten Mal verschoben worden war. David schaute mich an und sagte: „Ist es nicht toll, zum Jet Set zu gehören?" Über Lautsprecher erfuhren wir, dass sich unser Flug wegen „technischer Schwierigkeiten" weiter verzögern würde. Als wir uns all die missmutigen Passagiere anschauten, die ebenfalls davon betroffen waren, bemerkte ich: „So leben also die Reichen und Berühmten." Wieder einmal hatte uns unser Sinn für Humor eine Situation erleichtert. Wir schöpfen dafür aus verschiedenen Quellen:

- Cartoons in der Tageszeitung
- Witzbücher und andere humoristische Literatur
- Gespräche mit Freunden und Geschäftspartnern (witzige Begebenheiten schreiben wir auf, damit wir die Pointen nicht vergessen)
- Witzige Filme (da fällt Ihnen sicher was ein …)
- Wenn wir am Flughafen sind und unser Flug verzögert sich, gehen wir zu einem Gate, dessen Flug bereits aufgerufen wurde, und tun so, als ob einer von uns wegfliegen müsste. Wir tauschen zum Abschied Küsse und Umarmungen aus, und wenn alle Fluggäste an Bord sind, ziehen wir weiter zum nächsten Gate und wiederholen unsere „Abschiedsszene".

Suchen Sie sich humorvolle Freunde. Wenn Sie beide eher nüchterne Typen sind, versuchen Sie, einige humorvolle Paare kennen zu lernen. Vor etlichen Jahren fand eines unserer Seminare in unserem Haus in Wien statt. Unter den Teilnehmern war ein Paar, das einfach zu ernst war. Sie waren beide Opernsänger, sehr introvertiert und sensibel. Wir fragten sie, ob sie sich vorstellen könnten, Freundschaften mit Menschen zu suchen, die das Leben etwas leichter nahmen. Sie nahmen die Anregung auf, und durch die neuen Freunde wurden sie lockerer, lachten öfter und lernten das Leben von einer ganz anderen Seite kennen. Der neu entdeckte Humor wurde für beide zur Ermutigung.

Öfter mal ein Rendezvouz

Wir weisen immer wieder darauf hin, dass Spaß in der Ehe harte Arbeit ist. Eine Art, miteinander einfach das Leben zu genießen, ist für uns, uns zum Rendezvous zu verabreden. Wir haben einen regelrechten „Rendezvous-Lebensstil" entwickelt. Fast alles wird in eine Verabredung verwandelt. Letztes Jahr musste ich mich einer Operation unterziehen, und David wollte auch daraus eine Verabredung machen. Aber da habe ich dann doch gestreikt. Wir haben aber jedes Jahr im Herbst ein „Rendevous zur Grippeimpfung". Vielleicht finden Sie das albern, aber weil wir mit vielen Menschen zu tun haben, müssen wir einfach auf unsere Gesundheit achten. Und so machen wir auch aus einer simplen Impfung eine Verabredung: Dave hält meine Hand, wenn ich geimpft werde, und umgekehrt. Danach lassen wir es uns noch in unserem Lieblingscafé gut gehen. Warum nicht die Dinge, die sowieso getan werden müssen, gemeinsam tun? Und warum dann nicht auch gleich eine Verabredung daraus machen?

Sie haben Kinder und keinen Babysitter? Kein Problem. Stecken Sie die Kleinen früh ins Bett und veranstalten Sie ein Wohnzimmer-Rendezvous. Kerzenlicht und romantische Musik sind ein guter Rahmen für eine zärtliche Unterhaltung. Oder verabreden Sie mit Freunden einen Wohnungstausch mit dazugehöriger Kinderbetreuung. Ihre Freunde kommen mit ihren Kindern zu Ihnen nach Hause, und Sie verbringen die Nacht ohne Kinder in der Wohnung Ihrer Freunde. Nächstes Mal sind Sie dann dran mit Kinderhüten.

Für Rendezvous dieser Art brauchen Sie nicht viel Geld, es reicht schon ein bisschen Kreativität.

Jetzt können Sie aktiv werden

Wir haben vier Wege aufgezeigt, wie Sie einander ermutigen können: Sich auf das Positive konzentrieren, ehrliche Anerkennung austeilen, Sinn für Humor entwickeln und immer wieder einmal ein Rendezvous mit dem Partner planen. Sie können entscheiden, ob Sie diese Schritte tun wollen, um einander aufzubauen und zu ermutigen. Wir beenden dieses Kapitel mit einer weiteren Herausforderung: Schreiben Sie Ihrem Partner doch einmal einen ermutigenden Brief.

Tun Sie das gleich jetzt und beschreiben Sie genau, was Sie an Ihrem Partner besonders schätzen. Wenn Sie den Brief mit der Post schicken, vergessen Sie nicht den Vermerk „Persönlich" auf dem Umschlag – für den Fall, dass Sie den Brief an die Arbeitsstelle Ihres Partners senden. (Es soll schon vorgekommen sein, dass solche Briefe ans Schwarze Brett gehängt wurden!) Briefmarke drauf und ab in den Briefkasten. Vielleicht erhalten Sie ja sogar eine Antwort …

Richard und Sophie, zwei unserer Seminarteilnehmer, erzählten uns, wie aufgeregt (und auch frustriert) sie waren, als ihre Briefe ankamen. „Wir haben uns sehr über die Briefe gefreut, aber der Tag, an dem sie in der Post waren, war einer jener wirklich nervigen Tage. Arbeitsmäßig steckten wir beide gerade in wichtigen Projekten, und die ganze Woche schien nur aus Extraterminen für unsere drei Töchter zu bestehen. (Sie brauchten einen Vollzeitchauffeur!) Wir beschlossen also, die Briefe erst zu öffnen, wenn wir auch wirklich Zeit dafür hatten. Einige Wochen später waren die Kinder für ein Wochenende bei den Großeltern. Das schien uns eine großartige Gelegenheit für einen Wochenendtrip. Wir buchten ein Zimmer in einem kleinen Hotel in den Bergen und vergaßen auch nicht, die Briefe mitzunehmen. Nach einem romantischen Abendessen lasen wir sie und hatten eine wunderschöne gemeinsame Zeit."

Es liegt an Ihnen. Machen Sie Ihre eigene Positivliste. Schreiben Sie einen Brief. Entdecken Sie den Humor neu und ermutigen Sie Ihren Partner – heute. Ihre Ehe wird besser und romantischer werden. Bleiben Sie dran!

Sie haben die Wahl

*Übung sieben: Wir konzentrieren uns
auf das Positive und ermutigen einander*

1. Wie hat Ihr Partner Sie in der Vergangenheit ermutigt?

2. Wünschen Sie sich, dass das auch in Zukunft so bleibt? Oder könnten Sie sich auch noch andere Wege vorstellen? Welche?

3. In welchen Bereichen Ihres Lebens fühlen Sie sich selbstsicher?

4. Welche Aktivitäten möchten Sie gerne gemeinsam entdecken? (Sport, Schreiben, Kochen, Hobbys, Volkshochschulkurse, Gartenarbeit, Wandern, Kanufahren usw.)

5. Wie können Sie mehr Spaß in Ihre Beziehung bekommen?

6. Laden Sie Ihren Partner zu einem Rendezvous ein – aber seien Sie erfinderisch: Es soll nichts kosten und Ihre besten Fähigkeiten aktivieren.

7. Machen Sie Ihrem Partner in der kommenden Woche jeden Tag ein Kompliment.

Entscheidung acht

Wir schaffen Raum für Zärtlichkeit

Der spanische Dichter Antonio Machado schrieb: *„Ich dachte, das Feuer in meinem Kamin sei erloschen. Ich schürte die Asche. Und verbrannte mir die Hände."* So wie der Dichter können auch Sie sich dafür entscheiden, Romantik und Intimität in Ihrer Ehe neu zu beleben. Die Glut der Zärtlichkeit können Sie anfachen, zum Beispiel mit Liebe, Geduld, Durchhaltevermögen und Humor. Aber diese Entscheidung müssen Sie bewusst treffen. Wenn Sie Kinder haben und darauf warten, dass sich Spontanität im Liebesleben von allein ergibt, dann richten Sie sich auf eine lange Wartezeit ein! Viel besser ist es, bewusst und gezielt Raum zu schaffen für die sexuelle Begegnung, für Romantik und Zärtlichkeit.

Gute Gewohnheiten von sehr verliebten Paaren

In unserer Umfrage über Liebe, Sex und dauerhafte Partnerschaften haben wir viele Paare kennen gelernt, die trotz großer Schwierigkeiten mitten in Karrierestress und Elternpflichten immer wieder kreative Wege für ein funktionierendes Liebesleben finden. Als wir die Umfrageergebnisse auswerteten, fiel uns auf, dass Paare mit einem erfüllten Liebesleben bestimmte „Gewohnheiten" entwickelt hatten. Vielleicht finden Sie sich darin wieder; aber auch wenn nicht – für gute Gewohnheiten ist es nie zu spät.

Gewohnheit eins: Nicht alles dem Zufall überlassen!

Bei vielen auch sexuell glücklichen Paaren hat die Komponente des Einswerdens in der Beziehung einen hohen Stellenwert. Sie bemühen sich darum, eins zu werden und ihre Sexualität zu verstehen. Sie haben erkannt, dass Sexualität zur Schöpfung gehört und ein wunderbares Geschenk für die Ehe ist. Und sie lernen miteinander auf diesem Gebiet.

Schauen wir zunächst auf unsere eigene sexuelle Prägung. Was hat meine eigene Einstellung zur Sexualität geprägt? Was war mein erster Eindruck von Sex? Hoffentlich nicht der, den die bekannte Anekdote beschreibt:

Ein kleines Mädchen fragt die Oma: „Wo komme ich her?" Die Oma antwortet: „Aber Liebling, dich hat doch der Storch gebracht."

„Aber wo kommt Mama her?"

„Mama haben wir im Garten gefunden."

Die Enkelin bleibt hartnäckig: „Und was ist mit dir?"

„Meine Eltern fanden mich hinter einem Rosenstrauch."

Am nächsten Tag verkündet das kleine Mädchen in der Schule: „In unserer Familie hat es schon seit drei Generationen keine normale Geburt mehr gegeben!"

Warum fällt es Eltern so schwer, mit ihren Kindern über Sex zu reden? Woher kommen unsere Hemmungen?

Meine allererste Erinnerung an ein Gespräch über Sexualität stammt aus der dritten oder vierten Klasse. Eine ältere Freundin erzählte mir, was Jungen und Mädchen miteinander tun, um Babys zu bekommen. Das klang nicht so, als ob es Spaß machte, und ich beschloss, eine alte Jungfer zu werden. Auch Dave hat zum ersten Mal mit Freunden über Sex gesprochen, und seine Erfahrung war genauso ungenau und verwirrend wie meine. Wann haben Sie zum ersten Mal etwas über Sex gehört?

Ob unsere Eltern uns nun etwas über Sexualität erzählt haben oder nicht – unsere Existenz zeigt, dass auch sie zumindest ein gewisses Interesse an Sex hatten.

Welche Erinnerungen haben Sie an Ihre Ursprungsfamilie? Welche der folgenden Aussagen beschreibt Ihre Kindheit am treffendsten?

❏ Meine Eltern sprachen selten oder nie über Sex.
❏ Meine Eltern sprachen ganz offen über Sex. Es schien natürlich und schön zu sein.
❏ Bei uns gab es nur wenig Körperkontakt – zwischen den Eltern nicht, und zwischen Eltern und Kindern auch nicht.
❏ Bei uns waren Umarmungen normal. Meine Eltern umarmten sich und uns Kinder oft.
❏ Ich sprach mit meinen Eltern nicht gerne über Sex. Ich suchte mir andere Quellen.
❏ Meine Informationen über Sex waren gemischt. Ich war mir nicht sicher, ob es positiv oder negativ war.
❏ Meine Eltern hatten eine positive Haltung zu Sex, so dass ich mich auf meine eigene sexuelle Beziehung gefreut habe.

Wenn Ihre Eltern offen, ehrlich und positiv über Sex gesprochen haben, können Sie sich glücklich schätzen. Wenn aber, und das kommt weit häufiger vor, Ihre Eltern bei dem Wort Sex zusammenzuckten und auf viele, auch ungestellte Fragen nicht eingingen, sind Sie vielleicht mit einer sehr unklaren Vorstellung von Sex in die Ehe gegangen. Vielleicht haben Sie als Jugendlicher von Ihren Eltern Sätze wie diese gehört: „Führ bloß kein Lotterleben." Oder: „Pass auf. Männer wollen nur das Eine!" Sie konnten zwar Begriffe wie „Lotterleben" und „das Eine" nicht einordnen, wussten aber, dass sie nicht positiv gemeint waren.

Dann spielten Ihre Hormone verrückt. Sie begegneten jenem „besonderen Mädchen" oder „einmaligen Jungen" und die sexuellen Gefühle wurden immer mächtiger. Sie haben versucht, sich zu beherrschen. Aber sehr wahrscheinlich fühlten Sie sich auch schuldig, dass Sie überhaupt so empfanden!

Menschen, die in einer sehr konservativen Familie aufwuchsen, haben häufig den Eindruck gewonnen, dass Sex falsch ist. Aber das ist ein Missverständnis. Zwar glauben wir, dass Sexualität, damit sie wirklich einer erfüllten umfassenden Lebensgemeinschaft dienen kann, auf die Ehe beschränkt bleiben sollte. Aber es gilt dabei: Die Sexualität ist ein wunderbares Geschenk unseres Schöpfers. Sie ist keineswegs nur ein Mittel der Fortpflanzung. Sie ist uns auch geschenkt, um sie zu genießen und uns aneinander zu freuen und uns gegenseitig zu beschenken.

Vorher – Nachher – Welch ein Unterschied

Unsere Beziehung war auch vor unserer Heirat nicht rein platonisch. Wir schafften es bis zur Hochzeit, ohne miteinander geschlafen zu haben, aber einfach war es nicht. Einmal lasen wir ein Buch mit Tipps zum Umgang mit sexueller Erregung. Der Autor schlug vor, im Augenblick der Versuchung aus dem Auto zu steigen und fünfmal drumherum zu laufen! Das war genauso hilfreich wie der Tipp mit der kalten Dusche!

Dann kam also der große Tag – die Hochzeit – und plötzlich hieß es: „Jetzt dürfen wir." Was wir in der Vergangenheit unbedingt zu vermeiden suchten, wurde jetzt zum großen Geschenk. Von nun an gehörten sexuelle Erfahrungen dazu, und das bedeutete, dass sich die vorher bestehende Einstellung von Grund auf ändern muss. Auf die Erkenntnis, dass Sex eine gute Erfindung ist, folgte die Entdeckung, dass zusammen mit der Heiratsurkunde leider keine Anweisung für ein erfülltes Sexualleben ausgegeben wird. Es reichte eben nicht, nur das zu tun, „was sich ergibt." Wir – und wir sind damit sicher nicht die Einzigen – erkannten, dass auch im Bereich der Sexualität nichts ohne Lernen und Geduld geht und dass durchaus auch hier neue Fähigkeiten gefragt sind.

Als wir heirateten, waren Seminare für befreundete und verlobte Paare eher selten. Heute können sie eine Hilfe sein, aber dennoch ist die Herausforderung, ein erfülltes und kreatives Sexualleben aufzubauen, vergleichbar mit dem Schwimmenlernen – Trockenübungen reichen nicht aus, man muss schon den Sprung ins Wasser wagen.

Ein Problem mit dem Sex liegt darin, dass wir vielleicht mit guten Freunden und auch mit dem künftigen Partner über Sex sprechen. Sobald es aber zur sexuellen Begegnung kommt, wird das konkrete Gespräch darüber häufig zur Peinlichkeit. Wenn es mit der körperlichen Liebe nicht auf Anhieb klappt, denken viele, dass diese Erfahrung wohl überbewertet wurde – es ist okay, aber man hatte sich mehr erwartet. Man versucht dann, die Defizite in anderen Bereichen der Beziehung zu kompensieren, und das Thema Sex verliert an Bedeutung. Dann kommen die berühmten Ausreden: „Schatz, ich bin einfach zu müde … zu beschäftigt … die Nachbarn könnten uns hören." Sex verschwindet unter einer Schicht von Hemmungen, Unkenntnis und Langeweile. Was ist denn nur mit den Gefühlen passiert, die früher so schwer unter Kontrolle zu bringen waren?

Aber Sie kennen meine Situation nicht!

Nach christlichem Verständnis des Menschen gehört Sexualität in den Rahmen einer verbindlichen und dauerhaften Beziehung. Wir können aber nicht die Tatsache übersehen, dass heute viele Menschen auch vor oder außerhalb einer Ehe sexuelle Begegnungen haben. Nicht selten belastet dies eine spätere Ehe. Das muss nicht so sein, aber häufig sind die früheren Partner auch in einer neuen Beziehung noch „gegenwärtig". Das kann die Unbefangenheit in der sexuellen Begegnung behindern. Es kann auch Schuldgefühle mit sich bringen. Vielleicht sind Sie in dieser Situation. Vielleicht haben Sie auch schlimme Erfahrungen gemacht, wurden sexuell missbraucht, wurden Opfer von Inzest oder Vergewaltigung. Vielleicht ist eine frühere Ehe oder Beziehung gescheitert und Sie möchten noch einmal ganz von vorn beginnen.

Wir möchten Sie ermutigen: Wenn Ihre Vergangenheit Ihre Zukunft blockiert – suchen Sie sich Hilfe. Gehen Sie zu jemandem, dem Sie sich anvertrauen können – einem lebenserfahrenen Freund, einem Seelsorger, einem Berater. Es gibt einen Weg nach vorn. Sie müssen nur selbst die Initiative ergreifen.

Entdeckungen in Sachen Sexualität

Können Sie sich noch an die Zeit erinnern, als Sie ganz jung verheiratet waren? Wir waren damals Studenten mit extrem wenig Geld, und daher war die Bemühung um ein gutes Sexualleben unsere Hauptform von Unterhaltung. Wir entschieden uns bewusst dafür, alle uns zur Verfügung stehenden Kräfte in den Aufbau einer erfüllten sexuellen Beziehung zu investieren. Einige Grundentscheidungen halfen uns dabei.

▸ *Wir vereinbarten, offen über unser Intimleben zu sprechen.* In mancher Hinsicht was das Sprechen über Sex wie das Lernen einer Fremdsprache. Zuerst war es uns peinlich, und wir mussten unser eigenes Vokabular entwickeln. Über Jahre hinweg hatten wir versucht, sexuelle Gedanken „im Zaum zu halten", und jetzt sollten wir eben diese Gedanken offen aussprechen! Aber wie soll jemand wissen, was dem Partner gefällt, was er für Vorstellungen und Wünsche hat, wenn er es ihm nicht mitteilt? Wir sprachen auch über unsere Ängste und Hemmungen. Ich hatte in diesem Bereich mehr Probleme als David, und so bestand das „darüber Reden" hauptsächlich aus Davids Bereitschaft, mir zuzuhören.

▸ *Wir lasen und lernten.* Wie kommen wir eigentlich darauf, dass uns das Know-How für eine Ehe mit in die Wiege gelegt ist? Mit dem Sex ist es wie mit allem anderen auch: Übung macht den Meister. Wenn es um Kindererziehung, unseren Beruf oder ums Tapezieren geht, denken wir ja auch nicht, dass alle dazu nötigen Fähigkeiten bereits in uns schlummern und bei Bedarf nur noch abgerufen werden müssen. Erfolg hat nur der, der Arbeit und Mühe investiert, und Sex ist dabei keine Ausnahme. Auch wenn es hektisch und chaotisch zugeht, müssen Sie Zeit in die sexuelle Beziehung investieren. Dabei können auch Bücher eine gute Hilfe sein.[15]

Zu unserer Zeit war die Auswahl an Büchern über Sex nicht groß, aber ein paar haben wir doch aufgetrieben. Uns gefielen illustrierte Bücher. Die Bilder machten uns Mut, verschiedene Positionen auszuprobieren. Nicht alle Versuche gelangen, aber mit der Zeit fanden wir heraus, was uns gut tat. Als Prinzip sollte gelten, dass beide Befriedigung finden und beide es genießen.

▸ *Wir brauchten Entdeckerfreude.* Reden ist gut, aber es reicht nicht. Wir mussten in der Tat den Körper des anderen erforschen, entdecken, was sich gut anfühlte und was nicht. Das klingt ganz einfach. War es aber nicht. Vor der Ehe hatte ja zu viel Körperlichkeit mit Schuld zu tun. Und ein häufiger Begleiter von Schuld ist die Angst davor, es nicht zu schaffen oder für den Partner nicht aufregend genug zu sein. Wir vereinbarten manchmal, nur zusammen zu sein, um den Körper des anderen kennen zu lernen, um herauszufinden, was ihm besonders gut tat. In diesen Begegnungen sollte es spielerisch zugehen, es ging um Zärtlichkeit und Nähe, aber ohne jede Forderung oder Erwartungshaltung. Das Ziel war nicht die körperliche Vereinigung – im Gegenteil! Bei dieser Übung war Geschlechtsverkehr verboten. So konnten wir uns entspannen, uns mit dem anderen einfach wohl fühlen und den Leistungsdruck mindern.

▸ *Wir lernten, den Partner in den Mittelpunkt zu stellen.* Gerade im sexuellen Bereich gerät man leicht in die Gefahr, nur auf sich selbst zu achten und das Gefühl für den Partner zu verlieren. Wir vergessen dabei, dass es uns dann am besten geht, wenn es unserem Partner gut geht. Als wir uns auf die Erfüllung und Befriedigung des anderen konzentrierten, stand die eigene Person nicht mehr so im Mittelpunkt, und damit fielen auch viele Hemmungen weg. Wir versuchten zu lernen, was den anderen erregte. Dave reagierte zum Beispiel auf visuelle Reize, ich mehr auf Zärtlichkeit und Gespräche.

Wenn Sie an die ersten Jahre Ihrer Ehe zurückdenken, was sind dabei Ihre lebhaftesten Erinnerungen? Entdecken Sie hier und da Parallelen zu unseren Erfahrungen? Vielleicht können Sie sich aber auch eher mit Freunden von uns identifizieren. Für beide spielt Sexualität eine große Rolle. Sie sind imstande, mitten im größten Konflikt miteinander zu schlafen. Ihre Übereinstimmung im sexuellen Bereich hält sie ganz entscheidend zusammen; und sie müssen nicht viel Mühe investieren, damit dieser Bereich lebendig bleibt.

Für andere Paare ist Sex vielleicht eine Enttäuschung und zur kompletten Nebensache geworden. Sie konzentrieren sich auf andere Dinge und sind nie über diese erste Veränderung ihrer Einstellung zum Sex hinausgekommen. Vielleicht kamen bald Kinder oder sie haben einfach keine Mühe darauf verwendet, einen Weg zu finden, der für sie befriedigend sein könnte. Egal, wie es bei Ihnen ist, Sie können sich bewusst dafür entscheiden, neue Erfahrungen in Ihrem Liebesleben zu machen. Und am besten fangen Sie gleich damit an!

Gewohnheit zwei:
Auch wenn Kinder kommen, Partner füreinander bleiben

Gerade als wir begannen, unser Liebesleben so richtig zu genießen, stellten sich die Kinder ein. Die schönen Zeiten waren nur noch Erinnerung, erfüllte Sexualität sank hinab ins Reich der Träume. Beim ersten Kind hatten wir die Dinge noch gut im Griff, beim zweiten allerdings wurde es kompliziert.

Psychologen sagen, dass für eine Beziehung Kleinkinder oder Teenager den größten Stress bedeuten. Wenn Sie beides gleichzeitig verkraften müssen, sind sie aufs Äußerste gefordert! Für uns war es am schwierigsten, als unsere drei Kinder noch alle unter fünf waren. David, die Nachteule, freute sich schon auf eine Liebesnacht, nachdem das Baby endlich seine Mitternachtsmahlzeit bekommen hatte. Claudia, Frühaufsteherin, konnte beim Stillen gerade noch so die Augen offen halten und wollte dann nur noch eins – schlafen. Wir hatten beide Erwartungen, und beide wurden enttäuscht. Das Ergebnis: Schlechte Laune am nächsten Morgen. Claudia konnte sich durchaus Sex um fünf Uhr morgens vorstellen. Aber David schlief noch, dafür war das Baby wach. Damals fragten wir uns ernsthaft, ob das vielleicht das war, was man unter „natürlicher" Geburtenregelung verstand!

Vielleicht ist Ihre Lage ähnlich. Die Kinder fordern all Ihre Energie, oder Sie sind beide berufstätig und basteln an Ihrer Karriere. Für die körperliche Liebe bleibt nur wenig Zeit. Wir blieben glücklicherweise auch in diesen anstrengenden Jahren immer im Gespräch über unser Intimleben und wollten beide einen Ausweg aus diesem Dilemma finden. Wir fanden eine Lösung, und von da an ging es besser.

Gewohnheit drei: Sich bemühen, den anderen zu verstehen

Wenn wir heiraten, verstehen wir uns nicht auf Anhieb. Wir dachten, wir würden uns genau kennen und den anderen verstehen, aber es zeigte sich, dass das nicht stimmt.

Helena und Georg lieben sich und möchten eine gute sexuelle Beziehung haben, aber sie brauchten Hilfe, um ihre Unterschiedlichkeit zu verstehen.

Dies sollte eine besondere Nacht werden, das hatte Helena sich vorgenommen. In letzter Zeit war ihr Liebesleben nicht sehr aufregend gewesen, und sie wollte es wieder in Schwung bringen. Sie bestellte also Essen von Georgs Lieblingschinesen, holte das gute Geschirr und das Silberbesteck hervor, deckte sorgfältig den Tisch und zündete Kerzen an. Sie gönnte sich sogar den Luxus einer Maniküre. Als Georg nach Hause kam, empfing ihn sanfte Hintergrundmusik. Helena wartete auf ihn!

Wie waren nun Georgs Pläne für diesen Abend? Er wollte eigentlich nur das Endspiel um die Fußballmeisterschaft sehen. Beim Mittagessen hatte er mit Kollegen darüber gesprochen, und er wusste, dass seine Favoritenmannschaft gute Chancen hatte. Er war zufrieden mit Fernsehen, einer Flasche Bier und Chips!

Helena und Georg hatten unterschiedliche Erwartungen an diesen Abend – und diese Erwartungen passten nicht zusammen. Als Georg nach Hause kam, erwartete Helena einen leidenschaftlichen Kuss und eine genauso leidenschaftliche Umarmung. Stattdessen küsste Georg sie flüchtig auf die Wange und setzte sich direkt vor den Fernseher. Der klassische Fall von Missverständnissen und unerfüllten Erwartungen. Ein Konflikt war entstanden, aber keiner verstand die Erwartungen des anderen. Von da an war der Abend gelaufen. Georg war so fasziniert von dem Fußballspiel, dass er Helenas Fingerzeige nicht verstand. Ein Drama wurde gegeben, und er wusste nicht einmal, dass er darin die Rolle des Schurken spielte.

Etwas später gingen sie zu Bett. Georg ist ein visueller Typ, und als Helena begann, sich auszuziehen, erregte ihn das. Als er die zärtliche Initiative ergriff, brach Helena in Tränen aus und lief aus dem Schlafzimmer!

Was hatte Georg verbrochen? Er hatte Helenas Erwartungen an diesen Abend nicht verstanden (Helena seine übrigens auch nicht), genauso wenig wie die unterschiedliche Art und Weise, wie sie aufeinander reagierten. Georg wurde durch visuelle Reize erregt. Hätte Helena ihn entsprechend leicht bekleidet an der Tür empfangen, er hätte es sicher nicht bis zum Fernseher geschafft. Hätte andererseits Georg Helena die gewünschte Aufmerksamkeit und Zärtlichkeit geschenkt, wäre auch ihre Reaktion anders gewesen.

Wie ist das bei Ihnen? Was versetzt Sie in Stimmung? Wie ist das bei Ihrem Partner? Sie haben jetzt sicherlich ausreichend Gesprächsstoff!

Gewohnheit vier: Sich Zeit nehmen für Zärtlichkeit

Zu oft wird anderen Dingen Vorrang vor der sexuellen Beziehung eingeräumt. Sie möchten Ihre intime Beziehung bewusst gestalten, planen aber nicht gezielt Zeiten ein, in denen Sie „allein zu zweit" sind. Erinnern Sie sich: Nicht nur gute Kommunikation und Konfliktbearbeitung erfordern Zeit. Ein kreatives Liebesleben tut es ebenfalls. Zehn Minuten nach dem Fußballspiel oder den Nachrichten reichen nicht aus. Wir möchten Ihnen Mut machen, Ihrem Liebesleben wieder ein hohe Priorität einzuräumen. Dann kann es zu einem lebendigen, aufregenden Teil Ihrer Ehe werden. Und das selbst dann, wenn Sie kleine Kinder haben. Wir sind selbst der beste Beweis dafür.

▸ *Wir planten jede Woche ein Zusammensein ein, bei dem die Kinder nicht stören würden.* In einem Jahr war das der Montagmorgen, wenn alle Kinder im Kindergarten waren. Wir hatten das Haus für uns allein und entdeckten, dass man sich nicht nur nachts lieben kann. Ein Montagmorgen war genauso gut. Vielleicht können Sie keine flexiblen Zeiten einplanen, aber warum experimentieren Sie nicht ein bisschen herum? Sie könnten einen Babysitter engagieren, der am Samstagmorgen bei schönem Wetter mit den Kindern in den Park geht. Und vergessen Sie nicht, sich für schlechtes Wetter Alternativen zu überlegen!

▸ *Wir führten eine Tradition ein: Kinderfreie Kurzurlaube.* Irgendwann wurde uns klar, dass wir auch einmal längere Zeit für uns sein wollten – nicht nur den einen Vormittag. Wir suchten also nach Möglichkeiten, das durchzusetzen. Einen Babysitter für solche Gelegenheiten konnten wir uns nicht leisten, und unsere Eltern wohnten zu weit weg. Allerdings hatten wir Freunde – gute Freunde –, die uns anboten, unsere drei Jungs zu nehmen. Dafür nahmen wir dann auch bei Gelegenheit ihre beiden Töchter – womit wir natürlich das bessere Los gezogen hatten!

Zwei dieser ersten kinderfreien Reisen sind uns – allerdings aus ganz unterschiedlichen Gründen – noch gut im Gedächtnis. Die erste war ein Wochenende in einer Hütte in Alabama. Wir waren das erste Mal ohne Kinder weg und hatten „Liebe pur". In Davids Erinnerung rangiert das Wochenende unter dem Begriff „sehr befriedigend", ich (Claudia) weiß nur noch, dass ich total erschöpft war.

Der zweite Kurzurlaub war eine Woche in Florida. Ich genoss die Ruhe, lange Strandspaziergänge, romantische Zwischenspiele, Essen bei Kerzenlicht, Einkaufsbummel und mein neues Kleid. David denkt auch gerne an die Woche zurück, gestand mir aber Jahre später, dass er auch gerne viel öfter mit mir geschlafen hätte.

Wenn wir diese Zeit noch einmal durchleben könnten, würden wir mehr über unser Erwartungen und ihre Umsetzung reden. Jedes Paar muss hier seine Balance und seinen genau auf die Beziehung zugeschnittenen Plan finden. Für Eltern von kleinen Kindern gehört eine erfüllte sexuelle Beziehung jedenfalls nicht zu den Dingen, die sich spontan von selbst ergeben!

Vielleicht müssen Sie über Ihre spezielle Situation sprechen und darüber, was Sie tun können, damit aus Ihrer Ehe wieder eine Liebesaffäre wird. Ein kleiner Tipp von uns: Wenn Sie allein wegfahren wollen, reden Sie über Ihre Erwartungen: Wollen Sie an die Küste oder in die Berge? Kultur oder Einsamkeit? Und überlegen Sie, wo Sie im Alltag bewusst Zeit für die Liebe einplanen können.

Gewohnheit fünf: Erst kommt die Liebe – dann die Sorge um die pubertierenden Kinder

Wir überspringen einige Jahre. Unsere Kinder sind im Teenageralter. Wir haben nicht vergessen, welche sexuellen Träume und Fantasien wir in diesem Alter hatten, und beten jeden Tag darum, dass unsere Söhne die Selbstdisziplin aufbringen, die uns in unserer Freundschafts- und Verlobungszeit so schwer gefallen ist, und dass sie verantwortungsvoll mit ihrer Sexualität umgehen.

Diese unterschwellige Angst um die Kinder könnte auch im Schlafzimmer Auswirkungen zeigen. Jugendliche im Haus lassen einen vorsichtiger werden. Weil Sie befürchten, dass Ihre Kinder zu früh sexuell aktiv werden, wird auch der sexuellen Beziehung mit dem Ehepartner unbewusst nicht mehr der Stellenwert eingeräumt, der ihr eigentlich zustände.

Wir sind überhaupt nicht dafür, das elterliche Liebesleben, ob positiv oder negativ, vor den Kindern auszubreiten. Sie können aber Ihren Kindern eine positive Einstellung zur Sexualität vermitteln. Wann immer bei uns das Gespräch auf Sex kam, haben wir mit unseren Söhnen offen darüber gesprochen, dass Sex ein wunderbares Geschenk ist. Es ist durchaus in Ordnung, wenn Kinder erfahren, dass Körperkontakt angenehm ist. Gleichzeitig haben wir aber betont, dass wir überzeugt sind, dass die Sexualität ihre schönsten Seiten nur entfaltet, wenn sie eingebettet ist in eine verbindliche und auf Dauer angelegte Lebensgemeinschaft wie die Ehe. Und wir konnten erkennen, dass diese Haltung offensichtlich auch unsere Söhne überzeugte.

Einstellungen und Grundhaltungen werden nicht erworben, indem man davon hört, sondern weil man Vorbilder hat, von denen man sie übernimmt. Man kann *sagen*, was man will – die Kinder werden das übernehmen, was ihnen vor*gelebt* wird. Wie sieht es bei Ihnen mit körperlicher Zuneigung aus? Nicht nur für Kinder gilt: Wir haben einen emotionalen Tank, der nicht unerschöpflich ist. Er muss immer wieder aufgefüllt werden, z. B. durch Zärtlichkeit, Küsse und Umarmungen.[16] Das gilt auch für Ehepartner – besonders wenn sie Kinder im Teenageralter haben! Eine der positivsten Erinnerungen, die David an seine Kindheit hat, ist das Bild seiner Eltern, die auf dem Balkon stehen und sich küssen und in den Armen halten. In Zeiten, in denen mehr als jede dritte Ehe geschieden wird, vermittelt das Kindern ein Gefühl der Sicherheit. Sie hören nicht nur, dass die Eltern sich lieben, sie sehen es auch.

Die Pubertät der Kinder kann auch für eine Ehe zur Belastung werden. Wir haben Wege gefunden, diesen Stress nicht mit in unsere sexuelle Beziehung hineinzunehmen.

▸ *Wir mussten unsere eigene Einstellung gegenüber Sex schützen.* Auch wenn wir sexuelle Aktivitäten für Jugendliche unangemessen fanden, haben wir doch den Sex in der Ehe als richtig, angemessen und wichtig für die Ehebeziehung verteidigt.

Wir beschlossen, trotz unserer Teenager nicht auf Zeiten der Zweisamkeit zu verzichten. Für uns fanden wir folgende Möglichkeiten:

1. Zeiten, in denen unsere Kinder an Schul- oder Sportveranstaltungen teilnahmen. (Man muss ja als Eltern nicht bei jedem Fußballspiel oder Konzert dabei sein!)
2. Samstagmorgens, wenn die Kids bis mittags schlafen.
3. Schalldämmung für das Schlafzimmer. Eine Stereoanlage kann schon hilfreich sein und außerdem eine schöne Atmosphäre schaffen. Wir haben auch darauf geachtet, dass die Schlafzimmertür abgeschlossen war.

▸ *Lassen Sie sich nicht von den Problemen Ihrer Teenies gefangen nehmen.* Manchmal lässt man sich von der Situation der Kinder zu sehr einnehmen. Auch die Pubertät geht vorüber. Irgendwann werden die jetzt so anstrengenden Kinder erwachsen sein und ausziehen. Aber Ihre sexuelle Beziehung ist für die gesamte Zeit Ihrer Ehe gedacht und soll genossen und gepflegt werden. Lassen Sie also nicht zu, dass sie durch den Stress der Teenagerjahre nur noch auf Sparflamme kocht.

- *Den Humor nicht vergessen.* Zu dem Begriff Teenager gehört untrennbar das Wort Spannung, und Spannungen lassen sich am besten mit Humor auflösen. Lachen entspannt! Wir versuchten in diesen Jahren, uns selbst nicht zu ernst zu nehmen und uns bewusst zu machen, dass auch diese Zeit vorbeigehen würde. Und wenn wir nur ein kleines bisschen Komik in einer Situation entdecken konnten, haben wir das dankbar aufgegriffen.

- *Tun Sie das Unerwartete.* Diese sehr fordernden Jahre können Sie sich erleichtern und auflockern, indem Sie ab und zu etwas Überraschendes tun. Auch darum haben wir uns bemüht. Ich werde zum Beispiel nie den Tag vergessen, als David (der Romantischere von uns beiden) mit drei roten Rosen nach Hause kam und sagte: „Pack deine Sachen. In einer halben Stunde geht es los."

Wir fuhren zu einem netten kleinen Hotel in den Bergen, ungefähr eine Autostunde weit entfernt. Ich wunderte mich, warum mich bei der Anmeldung alle so neugierig ansahen. David hatte bei der Zimmerbuchung gesagt, er wolle hier ein Wochenende mit einer ganz besonderen Freundin verbringen. Ich bin noch heute fest davon überzeugt, dass das Personal uns nicht für ein Ehepaar hielt. Davids Reaktion darauf? „Wenn du unbedingt eine Affäre willst, dann gönn sie dir – mit deiner Frau!" Und genau das taten wir auch.

Wo ist bei Ihnen Raum für Verrücktheiten? Wie kreativ sind Sie in Bezug auf Ihr Sexleben, falls Sie Teenager im Haus haben? Einfach abzuwarten, bis die Kinder ausziehen, ist keine Lösung. Genauso wenig wie die Aussage: „Es ist nicht mehr so wichtig." Jedenfalls würden wir diese Überzeugung gern infrage stellen, sollten Sie sie vertreten. Wir können nur sagen, dass dieser Bereich Ihrer Beziehung mit jedem Jahr schöner und erfüllender werden kann.

Gewohnheit sechs: Romantik ins Spiel bringen –
auch nach der Silberhochzeit

Ein Freund sagte uns: „Als das Nest endlich leer war, hatten wir vergessen, wie man Sex schreibt, geschweige denn, wie man darüber redet!" Unser Nest ist jetzt auch leer. Lange Jahre hatten wir uns auf den Zeitpunkt gefreut, an dem unser letzter Sohn das Haus verlassen würde, und hatten uns vorgestellt, welche Freiheit und Flexibilität damit wieder bei uns einkehren würden. Sex war nach wie vor wichtig für uns, aber wir hatten uns mal wieder mit Arbeit übernommen. Die Zeit, die wir sonst mit unserem Sohn verbrachten, war jetzt ausgefüllt mit Arbeiten an Manuskripten und Ehe- und Beziehungsseminaren. Wir waren einfach zu beschäftigt, um die neue Freiheit nutzen zu können. Wir wollten immer noch mehr tun.

Wieder einmal war es an der Zeit, uns zusammenzusetzen und zu überlegen. Wir versuchten, kürzer zu treten und uns aufeinander zu konzentrieren. Alte Gewohnheiten sind hartnäckig. Wenn man ein Workaholic ist, leidet darunter auch das Liebesleben. Für uns waren folgende Ideen hilfreich.

- *Probieren Sie etwas Neues aus.* Man muss nicht immer am selben Ort miteinander schlafen. Gehen Sie doch einfach einmal in ein anderes Zimmer und probieren Sie aus, was Ihnen gut tut. Weihen Sie den neuen Teppich auf besondere Art ein. Nehmen Sie gemeinsam ein Schaumbad bei Kerzenschein, bei dem nur Streicheln erlaubt ist. Oder spielen Sie ein Spiel, bei dem der Verlierer sich ausziehen muss – dabei können eigentlich beide nur gewinnen.

Das sind alles nicht unsere eigenen Ideen. Einige von ihnen stammen aus einem Treffen mit Teilnehmern eines unserer Seminare. Das eigentliche Seminar lag bereits acht Monate zurück, aber diese Gruppe hatte sich monatlich zum Austausch und zur Ermutigung getroffen. Für sie war das eine durchaus erfolgreiche Zeit, und das zeigte sich an diesem Abend besonders.

Jedes Paar hatte etwas mitgebracht, das für ihre Beziehung typisch war. Da wurde eine Topfpflanze gezeigt als Symbol für eine sich weiterentwickelnde Ehe. Ein Ehepaar brachte ein Andachtsbuch mit und berichtete über gemeinsame Gebetszeiten.

Mehr als die Hälfte der Mitbringsel stand für mehr Kreativität beim Sex. Diese Gruppe war enorm kreativ, da war alles vorhanden, von Hotelrechnungen bis zur Schlagsahne, aber Birgit und Wolfgang, beide Ende vierzig mit bereits erwachsenen Kindern, schossen den Vogel ab. Sie brachten eine Grillschürze, eine Kochmütze und eine Flasche Körperlotion mit. Hier ist ihre Geschichte: Wolfgang hatte sich eines Abends bereit erklärt, für das Abendessen zu sorgen. Birgit war völlig erschöpft von der Arbeit nach Hause gekommen, hatte sich auf den neuen Wohnzimmerteppich gelegt und war sofort eingeschlafen. Ihre Überraschung war groß, als Wolfgang sie weckte, bekleidet mit nichts weiter als eben dieser Grillschürze und der Kochmütze. In der Hand hielt er eine Flasche Lotion und verwöhnte Birgit mit einer entspannenden Massage. Kreativität pur!

Ein anderes Paar, das mit den Eltern zusammen in einem Haus wohnt, packte einen Picknickkorb und verschwand für einige Stunden in einem örtlichen Hotel.

▸ *Essen Sie gesund und treiben Sie Sport.* Das mag banal klingen, ist aber nicht zu unterschätzen. Gerade in diesem Lebensabschnitt ist es wichtig, gesund zu bleiben und sich körperlich fit zu halten. Wir hatten schon immer viel Tennis gespielt, aber bei unserem intensiven Reiseplan ist es schwer, regelmäßige Platzstunden zu buchen. Also fingen wir an, lange Spaziergänge zu machen. Wir gehen jede Woche etliche Kilometer und achten sehr auf unsere Ernährung. Jetzt, wo die Kinder aus dem Haus sind, können wir endlich wieder die Sorten Gemüse essen, die wir vorher nicht auf den Tisch bringen durften. Durch das gesunde Essen und ausreichend Bewegung haben wir mehr Energie für die Dinge des Lebens, die Spaß machen.

▸ *Ergreifen Sie die Initiative.* Seien Sie ruhig einmal bereit, Dinge in die Hand zu nehmen. Arrangieren Sie einen Wochenendtrip oder planen Sie jede Woche einige Stunden ein, die nur Ihnen gehören. Vielleicht stellen Ihnen Freunde ihre Wohnung zur Verfügung.
Hier noch einige Vorschläge:
▸▸ Warum nicht einmal einfach so und überraschend anrufen? Sagen Sie Ihrem Partner, wie sehr Sie ihn/sie begehren.
▸▸ Schreiben Sie einen Liebesbrief.

▸ Gönnen Sie Ihrem Partner einen Ganzkörpermassage mit einer besonderen Lotion.
▸ Verbringen Sie mindestens eine Stunde mit Reden und Sex.
▸ Lassen Sie sich von Ihrem Partner sagen, was ihm oder ihr gut tut.
▸ Bringen Sie ein kleines Geschenk mit – einfach so.
▸ Kaufen Sie eine neue CD.
▸ Nennen Sie zehn Gründe, warum Sie Ihren Partner lieben.
▸ Sehen Sie sich einmal gründlich in Ihrem Schlafzimmer um. Welche Veränderungen wären nötig, damit es romantischer wird? Kerzen, eine Stereoanlage, ein Lichtdimmer, ein Schloss an der Tür? Entfernen Sie alles, was nach Arbeit aussieht, und vergessen Sie alles, was noch erledigt werden muss, wenn Sie sich hinter verschlossene Türen zurückziehen.
▸ Arrangieren Sie jetzt schon einmal eine gemeinsame Nacht außer Haus.

Liebe, die ein Leben lang hält

Kürzlich besuchten wir ein älteres Ehepaar, beide schon an die achtzig und beide schwerhörig. Eine Unterhaltung war schwierig, denn wir mussten den laut gestellten Fernseher übertönen. Sie wollten auf keinen Fall ihre Lieblingssendung verpassen, und an diesem Tag ging es darin – um Sex. Eine Sendung voller Erotik, die nichts ausließ, weder das Schaumbad zu zweit noch das Wasserbett, noch eine Nacht am Strand. Eines war deutlich: Auch im Alter spielt Sex noch eine Rolle. Allerdings müssen für viele ältere Menschen Fernseher oder andere Medien als Ersatzbefriedigung herhalten.

Wir hoffen, dass wir hier einmal eine Ausnahme bilden. (Und wenn das wirklich so sein sollte, werden wir darüber ein Buch schreiben.) Bis dahin werden wir aber weiter an unserer sexuellen Beziehung arbeiten. Ehrlich gesagt haben wir noch nicht das Stadium erreicht, wo der Fernseher für sexuelle Befriedigung sorgt. Wir fragen uns allerdings, wie die Schauspieler die dargestellte Leidenschaft und Erregung ohne Herzinfarkt überstehen. Wenn Sex wirklich immer und überall so großartig ist, dann haben wir Entscheidendes verpasst – und Sie wahrscheinlich auch.

Am Ende dieses Kapitels möchten wir Ihnen etwas anvertrauen: Sex ist für uns normalerweise schön, manchmal auch außergewöhnlich schön – aber wir haben immer Spaß daran. Mit der Zeit wird die sexuelle Beziehung immer besser, und wir freuen uns schon auf die Erfahrungen, die wir mit sechzig, siebzig und achtzig machen werden – so lange, wie es uns möglich ist.

Wie ist das bei Ihnen? Sie haben die Wahl. Ihr Liebesleben kann so romantisch, intim, befriedigend und aufregend werden, wie Sie es wollen, aber dazu sind Zeit und echter Einsatz nötig. Und doch – es lohnt sich. Mit den Jahren kann es immer schöner werden. Wir wissen, wovon wir sprechen.

Sie haben die Wahl

Übung acht: Wir schaffen Raum für Romantik, Liebe und Zärtlichkeit

1. Welche Eigenschaften Ihres Partner waren in den ersten Jahren Ihrer Ehe Auslöser für Romantik und Zärtlichkeit?

2. Wie würden Sie die ideale Liebesbeziehung beschreiben?

3. Wie drückt sich in Ihrer Beziehung echte Intimität aus?

4. Was können Sie tun, um das evtl. nur noch glimmende Feuer wieder anzufachen?

5. Wie haben Sie sich mit den Jahren den unterschiedlichen Bedürfnissen in Ihrer sexuellen Beziehung angepasst?

6. Würden Sie in Ihrer jetzigen Situation gerne Dinge verändern?

7. Können Sie offen über die Sexualität in Ihrer Beziehung sprechen? Wenn nicht, wo liegen die Gründe dafür?

8. Wie kann Ihr Liebesleben an Leidenschaft und Nähe gewinnen?

9. Planen Sie für den nächsten Monat 24 Stunden, die nur Ihnen gehören.

Entscheidung neun

Wir suchen nach unserer gemeinsamen Spiritualität

In den ersten acht Kapiteln haben wir darüber gesprochen, aus welchen Quellen eine Beziehung ihre Lebendigkeit bezieht, wie man die Kommunikation verbessern kann, wie man auch in sexueller Hinsicht immer mehr zu Harmonie und Erfüllung findet. In diesem Kapitel geht es um eine weitere Dimension menschlicher Gemeinschaft: um die spirituelle Komponente und darum, wie eine Gemeinsamkeit in geistlicher Hinsicht zur Qualität einer Beziehung beitragen kann. Dieses spirituelle Element umfasst Ihre tiefsten Grundüberzeugungen, Ihre Religiosität oder Weltanschauung und die Auswirkungen, die dieser Glaube auf das hat, was Sie sind und tun. Denn unsere tiefsten Überzeugungen beeinflussen alle Aspekte unseres Lebens, spiegelt sich in den Werten wider, die wir vertreten, und in den Entscheidungen, die wir treffen.

Für uns bedeutet diese spirituelle Gemeinsamkeit, dass wir in unseren tiefen Grundüberzeugungen übereinstimmen. Wir sind einer Meinung, was den Sinn des Lebens betrifft – wir verspüren denselben Ruf zu etwas hin, das größer ist, als wir beide es sind. Unsere Grundüberzeugungen basieren auf dem Glauben an Gott, der durch Jesus Christus unser himmlischer Vater ist. Dieser Glaube an Gott und unsere geistliche Einheit hat uns in den Stürmen des Lebens Halt gegeben und ist mitten in einer turbulenten Welt immer wieder eine Quelle inneren Friedens. Wir sind davon überzeugt, dass es eine Beziehung ungemein bereichert, wenn die Partner auch diese spirituelle Dimension miteinander teilen können.

Das belegen auch zahlreiche Studien. Paare, die häufig zusammen beten, beurteilen ihre Ehe doppelt so oft als erfüllend und romantisch wie Paare, die dies nicht tun.[17] Unter religiös orientierten Paaren gibt es eine niedrigere Scheidungsrate, größere Zufriedenheit in ihrer Ehe, und sie zeigen mehr gemeinsames Engagement.[18]

Wir finden diese Ergebnisse durchaus logisch, denn ein gemeinsamer Glaube und ein gemeinsames Wertesystem schweißen zusammen, wenn es darum geht, Probleme zu bewältigen oder den Alltag zu meistern.

Sicherlich bietet die Ehe eine einmalige Gelegenheit, mit einem anderen Menschen eine große Vertrautheit zu entwickeln, denn im Rahmen dieser verbindlichen Gemeinschaft gibt es ausreichend Zeit und Gelegenheit, auch geistlich zusammenzuwachsen. In diesem Kapitel liegt der Schwerpunkt zunächst auf der Frage, wie durch die Entwicklung gemeinsamer Glaubensüberzeugungen eine geistliche Verbundenheit wachsen kann. In einem zweiten Schritt werden wir uns ansehen, wie diese Überzeugungen sich auf die Beziehung als solche auswirken.

Wir sind uns durchaus der Tatsache bewusst, dass nicht jeder Leser unsere religiösen Überzeugungen teilt oder sich überhaupt mit spirituellen Fragen beschäftigt. Wir glauben aber, dass jeder Mensch irgendwelche Grundüberzeugungen hat. Glaube an Gott, Philosophie, persönliche Ehtik oder anderes; Ihre Grundüberzeugungen formen Ihre Persönlichkeit und Ihre Beziehungen zu anderen.

Welche Grundüberzeugungen teilen Sie mit Ihrem Partner? Vielleicht haben Sie darüber noch nie gesprochen. Aber vielleicht sind Sie bereit, sich dieser – vielleicht schwierigen – Frage zu stellen und so lange zu suchen, bis Sie passende Antworten gefunden haben? Wir können nur dazu raten, denn gerade dieser Bereich hat die Zusammengehörigkeit und Verbundenheit in unserer Ehe enorm gestärkt. Auf den nächsten Seiten nehmen wir uns die Freiheit, von unserer persönlichen Suche nach unserer gemeinsamen Spiritualität zu sprechen, in der Hoffnung, dass unsere Erfahrungen für Sie zur Anregung oder Ermutigung werden.

Auf der Suche nach einer geistlichen Basis

Unsere geistliche Reise begann mit einem ziemlich traumatischen Ereignis. Wir waren schon fast vier Jahre verheiratet und freuten uns auf unser erstes Kind. Einige Wochen vor dem Entbindungstermin zeigte sich, dass das Baby in Steißlage lag. Die Ärzte versicherten uns, das sei kein Problem – bis das Kind geboren wurde.

Als ich auf dem sterilen Tisch im Kreißsaal des Militärkrankenhauses lag, betete ich: „Herr, bitte lass dieses Kind leben." Das war 1966. Wir waren gerade von Europa in die USA umgezogen, und das fertig eingerichtete Kinderzimmer wartete auf seinen Bewohner.

Ein Umzug so kurz vor der Entbindung war zwar riskant, aber David arbeitete schließlich für die Armee, und wir hatten keine andere Wahl. Diesen Tag werde ich nie vergessen. Das Baby war geboren, aber den ersten Schrei unseres Sohnes, mit dem er das Leben begrüßen sollte, hörte ich nicht. Keiner der anwesenden Ärzte und Schwestern gratulierte mir. Ich hörte nur, dass sie sich über den Säugling beugten und besorgt miteinander diskutierten. Schließlich begriff ich, dass unser Sohn nicht atmete. Diese ersten Minuten seines Lebens schienen mir wie Stunden. Mir wurde klar, dass etwas nicht in Ordnung war, etwas, das man nicht mit einem Klaps auf den Popo lösen konnte. Mein neugeborenes Baby war in Schwierigkeiten.

Als ich erkannte, dass unser Sohn um sein Leben kämpfte, wandte ich mich instinktiv an Gott und bat ihn einzugreifen. Und nur Sekunden später tat David Jarret Arp seinen ersten Atemzug. Der erste Schritt ins Leben war getan. Mein Gebet war erhört worden!

Für viele mag das Zufall sein, für uns nicht. Mein einfaches Gebet war ernst gemeint, und ich fühlte ganz deutlich Gottes Gegenwart, als es beantwortet wurde. Von da an war uns beiden klar, dass unsere geistliche Suche begonnen hatte.

Unser Weg zum Glauben

Vor Jarretts Geburt hatten wir uns nie viel um Fragen nach Religion oder um die Grundüberzeugungen, aus denen wir lebten, gekümmert. Bis zu diesem schicksalsträchtigen Tag im Jahr 1966 war unser Leben problemlos und von selbst gut verlaufen, und es bestand kein Anlass, allzu tief über die Alltagsfragen hinaus zu graben. Wir hatten einander, wir waren sehr verliebt und fühlten uns sicher in dieser Liebe. Natürlich gab es immer mal wieder Meinungsverschiedenheiten, aber bis zur Geburt unseres ersten Sohnes hatten wir keine ernsthaften Schwierigkeiten durchlebt. Jetzt lagen ein Umzug um den halben Erdball und eine schwere Geburt mit einer herausfordernden geistlichen Erfahrung hinter uns, und wir erfuhren, wie unglaublich stressig ein Baby mit Dreimonatsblähungen ist. Auch wenn wir nach wie vor aneinander hingen und durch mein Erlebnis im Kreißsaal ernsthaft versuchten, mehr über Gott zu erfahren, spürten wir jetzt zum ersten Mal etwas von der Last des Lebens. Darunter begann auch unsere Beziehung zu leiden.

Unser Umgangston veränderte sich, und es gab auch öfter Streit. Je mehr wir uns bemühten, eine gute Ehe zu führen, desto schlechter wurde sie. Im Bereich Erziehung schienen wir uns nicht sehr gut zu ergänzen, außerdem hatten wir weder die Mittel noch die Fähigkeiten, Antworten auf unsere Fragen nach Sinn, nach Gott und nach dem Glück zu finden.

Zwei Jahre später, wir waren inzwischen noch einmal umgezogen, erwarteten wir unser zweites Kind. Wir frischten gerade alte Freundschaften aus unserer Collegezeit auf und besuchten auch ab und zu eine örtliche Gemeinde. Wir kamen zwar beide aus christlichen Elternhäusern, aber das hatte nie viel Bedeutung für uns gehabt. Jetzt aber begann dieser geistliche Same aus unserer Kindheit aufzugehen. Wir stellten uns unseren Fragen danach, was wir eigentlich glaubten, und gewannen langsam neue Einsichten. Glaubensinhalte, die in der Vergangenheit für uns bedeutungslos oder unverständlich gewesen waren, erhielten jetzt einen Sinn. Und wenn wir unseren quirligen Jarrett betrachteten, fiel es uns nicht schwer, an einen Gott zu glauben, der Gebete hört und erhört. Jarretts kleine Eigenheiten hielten uns auf Trab – zum Beispiel sein Kampf darum, dass wir so lange in dem „Gute-Nacht-Stuhl" sitzen bleiben sollten, bis er eingeschlafen war!

Wir suchten in dieser Zeit sehr aktiv nach Antworten auf unsere Fragen, und das war uns eine große Hilfe. Wir fingen an, die Bibel zu lesen, und fanden in den Evangelien Einen, dessen Liebe zu uns größer ist als alles, was wir bis dahin erlebt hatten. Wir begegneten Jesus von Nazareth. Unser Weg zum Glauben wurde auf eine Weise vom Licht der Liebe Gottes erhellt, die für uns bis heute ein Grund zum Staunen ist. Und so wie Gott für jeden von uns in unserem persönlichen Leben realer wurde, erlebten wir auch in unserer Ehe eine neue geistliche Verbundenheit. Es war, als ob wir an eine neue Kraftquelle angeschlossen worden wären. Der Glaube an die tatsächlich grenzenlose Liebe Gottes, die in Christus für uns verständlich wurde, gab uns Sicherheit und Erfüllung und machte uns frei, uns auch gegenseitig in einer tieferen Dimension zu lieben und zu akzeptieren.

Unser neu gefundener Glaube gab uns auch den Mut zum Risiko und den Willen, auf diesem Weg weiter voranzukommen. Unser Glaube gründet sich auf die Gewissheit, dass Gott uns liebt – bedingungslos, ohne jede Einschränkung und Vorbehalte – und dass er in unserem täglichen Leben eine Rolle spielt. Kurz nachdem wir uns auf diese geistliche

Suche begeben hatten, wurde unser junger Glaube auf eine harte Probe gestellt. Wir lebten gerne in Atlanta, hier hatten wir Freunde, und auch unsere Familien waren in der Nähe. Allerdings war David mit seiner Arbeit unzufrieden. Als ein Versetzungsantrag abgelehnt wurde, beschloss er, die Stelle aufzugeben und ein Risiko einzugehen. (Allerdings ohne Claudia vorher zu fragen!)

Dieser Tag begann genau wie alle anderen vorher, aber unser Leben würde sich von Grund auf verändern. Dave rief an und sagte, dass er einige Stunden später nach Hause kommen würde, erklärte aber nicht, warum. Ich nahm an, dass er an einem großen Projekt arbeitete und ahnte nichts Böses!

Ich wusste, dass ihm die Arbeit keinen Spaß mehr machte, aber auf das, was Dave bei seiner Rückkehr sagte, war ich doch nicht vorbereitet: „Liebling, ich habe heute gekündigt!"

Meine unmittelbare Reaktion war: „Von was sollen wir denn leben?" Wir hatten jetzt zwei Söhne, zu Jarrett hatte sich sein kleiner Bruder Joel Hayden gesellt. Wir mussten den Kredit für ein Haus abzahlen und besaßen fast keine Ersparnisse.

„Das weiß ich auch nicht genau", antwortete David. „Aber du wusstest ja, dass mir die Arbeit keinen Spaß mehr machte. Ich habe gebetet, dass meine Versetzung in diese andere Abteilung genehmigt wird, aber das wurde nicht erhört. Also nahm ich an, dass Gott mich an einem anderen Platz haben will."

„Hast du vielleicht mal daran gedacht", entgegnete ich, „dass du ja auch erst nach einer neuen Stelle hättest suchen können, bevor du die alte kündigst?"

Wenn Sie schon einmal, freiwillig oder unfreiwillig, den Arbeitsplatz gewechselt haben, kennen Sie wahrscheinlich diese Angst in der Magengrube, die Ihnen sagt: „Was, wenn wir alle verhungern?" Wenn unser neu gefundener Glaube wirklich Veränderungen bewirkte, dann war dies der Härtetest!

David erinnert sich: „Es war eine schwere Zeit, besonders für mich, aber gerade in solchen Zeiten braucht unsere Beziehung eine tiefere Dimension. Dass wir jetzt auch unseren Glauben teilen und uns gemeinsam darauf beziehen konnten, war eine große Hilfe. Wir konnten zusammen beten. Wenn einer von uns mutlos wurde, erinnerte der andere ihn daran, dass wir bei Gott genug Vertrauen und Kraft finden würden.

Besonders für mich war es wichtig, dass ich in dieser Zeit eine neue Basis für mich als Person fand: Ich konnte jetzt meinen Wert, meine Identität und meine Bedeutung daraus beziehen, dass ich für Gott wertvoll bin, dass er mich will, bejaht und liebt. Ich musste diese tiefste Lebensberechtigung nicht mehr über Titel oder berufliche Erfolge erwerben und nicht mehr verzweifeln, wenn diese Erfolge einmal ausblieben. Das gab mir eine innere Geborgenheit, gerade auch in der finanziellen Unsicherheit. Und das spürte auch Claudia. Wir glaubten – und sagten uns das auch immer wieder gegenseitig –, dass unser gemeinsames Leben einen Sinn hatte, der über uns als Einzelpersonen hinausging. Wir fanden auf geistlicher Ebene eine Sicherheit, durch die wir zusammenstehen konnten und die es Claudia möglich machte, mich wirklich zu unterstützen. Natürlich gab es auch Momente der Angst, aber letztendlich war es diese geistliche Dimension unseres Lebens, die uns durch diese Zeit hindurchtrug.

Einige Wochen später klingelte das Telefon. Ein Unternehmen suchte für eine neue Niederlassung in Atlanta jemanden mit Organisationstalent und Fähigkeiten im Umgang mit Computern. Ob ich Interesse an einem Vorstellungsgespräch hätte. (Ich weiß bis heute nicht, wie die Firma an meinen Namen gekommen ist.) Ich ging hin, und hatte – nach nur wenigen Monaten – eine neue Stelle."

Es war für uns keine leichte Zeit, auch wenn es am Ende gut ausging. Ich möchte das nicht noch einmal mitmachen. Aber jetzt, aus dem Abstand, wird deutlich, dass es diese gemeinsame Glaubensbasis war, die uns fähig machte, bestimmte Risiken einzugehen, unser so bequem gewordenes Leben aufzugeben und Gott und einander näher zu kommen."

Auch heute, fünfundzwanzig Jahre später, ist unsere spirituelle Reise noch nicht zu Ende. Wir haben immer noch eine enge, persönliche Beziehung zu Gott, und diese geistliche Verbindung hat unser Leben in vielerlei Hinsicht beeinflusst, besonders auch im Blick auf unsere Beziehung als Ehepartner.

Wo sind Sie gerade auf Ihrer geistlichen Reise? Können Sie unsere Erfahrungen nachvollziehen? Oder befinden Sie sich gerade an einer ganz anderen Stelle? Wir sind überzeugt, dass jeder Mensch ein bestimmtes System von Grundüberzeugungen hat. Es lohnt sich wirklich, einen eigenen Standpunkt im Blick auf die „großen Fragen" zu finden: Wo ist mein Platz in diesem Universum? Was gibt meinem Leben Sinn? Was erfüllt meine Beziehungen? Wie ist das mit Gott? Sie selbst werden daraus einen Gewinn ziehen. Und Sie werden zu einer tieferen Einheit und Liebe mit Ihrem Partner finden. Aber was genau meinen wir aber, wenn wir von einer Reise zu geistlicher Verbundenheit und spiritueller Gemeinschaft sprechen?

Geistliche Verbundenheit

Wir verbinden mit den Begriffen „geistlich" oder „spirituell" einen Bereich der Wirklichkeit und ein höheres Wesen, die mit dem menschlichen Verstand nicht erfasst werden können. Alles, was mit dieser Dimension der Wirklichkeit zu tun hat, wird wesentlich nicht mit dem Verstand erfasst, sondern mit dem Glauben, einer Erkenntnismöglichkeit, die über unsere Vernunft hinausgeht. „Verbundenheit" bedeutet für uns emotionale Nähe. Die Kombination dieser beiden Worte steht also für eine emotionale Nähe zu Gott, der uns unser Leben schenkt. Und wir haben die Erfahrung gemacht, dass eine emotionale Nähe zu Gott auch eine größere emotionale Nähe zueinander zur Folge hat. Gerade diese Wechselwirkung war uns in der Zeit von Davids Arbeitslosigkeit eine große Hilfe.

„Die geistliche Dimension einer Ehe ist die Quelle, aus der eine Beziehung schöpft, aus der sie wächst und sich gesund entwickelt. Kein anderer Faktor trägt mehr dazu bei, eine Einheit zu schaffen und die Frage nach dem Sinn einer Ehe positiv zu beantworten. Das geschieht nur durch die gemeinsame Suche nach und Entdeckung von geistlichen Quellen. Denn nur darin wird der tiefste Hunger unserer Seele gestillt."[19] Wir haben auf unserer Reise genau das erlebt: Dass wir uns auf die Suche nach Gott und nach einem spirituellen Fundament für unsere Beziehung eingelassen haben, hat in der Tat diesen Hunger unserer Seele gestillt.

Geistliche Verbundenheit ist nicht leicht zu definieren. Für uns hat sie aber zwei Hauptbestandteile, die etwas einfacher zu verstehen sind. Der erste liegt darin, sich aktiv um die Klärung der spirituellen Fragen zu bemühen und der Wille, darin weiter voranzukommen. Dazu gehört es auch, sich über die Grundüberzeugungen, die man mit dem Partner teilt, klar zu werden. Der zweite ist die praktische Umsetzung dieser Überzeugungen in der Beziehung.

Grundüberzeugungen entdecken

Wir haben bereits erzählt, wie unsere geistliche Entdeckungsreise aussah und was die Basis unseres Glaubens ist. An welcher Stelle Ihrer Reise befinden Sie sich gerade? Haben Sie schon entdeckt, welche Grundüberzeugungen Sie teilen? Haben Sie eine gemeinsame Vision? Welche Grundüberzeugungen haben Sie bezüglich Ihrer Ehe?

Auch wenn wir davon ausgehen, dass die Basis geistlicher Verbundenheit ein gewisses Maß an gemeinsamen Grundüberzeugungen ist, wissen wir doch, dass sich Gegensätze anziehen und dass auch Ehepartner nicht in allen Dingen einer Meinung sein müssen. Aber einige Grundlagen sind unverzichtbar. Für uns bedeutet das: Eine Ehe ist auf Lebenszeit angelegt. Es gibt einen Gott, der mit uns in Verbindung tritt und unser Leben beeinflusst. Gebet ist ein wichtiger Bestandteil unserer Beziehung. Respekt vor der Persönlichkeit des Partners und vor seiner inneren Entwicklung ist entscheidend, wenn unsere Beziehung sich vertiefen und lebendig bleiben soll.

Gemeinsame Grundüberzeugungen können auch ähnliche politische Ansichten sein, soziales und umweltpolitisches Engagement oder eine gemeinsame Erziehungsphilosophie. Auf diesen gemeinsamen, vielleicht auch gemeinsam erarbeiteten Überzeugungen ruht die Entwicklung einer engen, vertrauten Beziehung. Sie sind die Halteseile, an die die Partner sich klammern können, wenn die Beziehung durch äußere oder innere Umstände unter Druck gerät.

Vielleicht sind Ihnen Ihre Gemeinsamkeiten in religiösen oder weltanschaulichen Fragen sehr deutlich bewusst. Vielleicht aber auch nicht oder Sie haben sich bis jetzt nicht die Zeit genommen, darüber nachzudenken. Jetzt ist die Gelegenheit, das zu tun. Was sind Ihre Grundwerte? Welche Lebensprinzipien möchten Sie und Ihr Partner in Ihrer Ehe und Familie gerne umsetzen? In welchen Bereichen Ihres spirituellen Lebens sind Sie sich als Partner einig?

„Die eigene Überzeugung vom Sinn des Lebens mit einem anderen Menschen zu teilen, das ist die tiefere Berufung von Seelenverwandten.

Jedes Paar muss diesem Ruf entweder folgen oder riskieren, eine verkümmerte, unterentwickelte Ehe zu führen."[20]

Wir entdeckten, dass unser gemeinsamer Glaube und unsere Überzeugungen uns die Tür zu einer tieferen persönlichen Vertrautheit miteinander öffneten. Bereits vor dreitausend Jahren war das keine neue Erfahrung. Die Bibel gibt sie z. B. im Buch des Predigers weiter: „Zwei haben es besser als einer, denn zusammen können sie mehr erreichen. Aber ein Seil aus drei Schnüren reißt nicht so schnell" (Prediger 4, 9.12).

Unsere Beziehung funktioniert am besten, wenn wir ernst machen mit der Tatsache, dass das Seil unserer Ehe aus drei einzelnen Schnüren geflochten ist. David ist einer dieser Stränge, ich bin der zweite. Der dritte Strang ist der, der uns schuf und unserer Ehe ein Glaubensfundament verlieh. Wir betrachten im Grunde unsere Ehe als Partnerschaft miteinander und mit Gott. Die drei Stränge sind miteinander verflochten. Immer wieder einmal lassen wir beide uns gegenseitig im Stich, aber der dritte sorgt dafür, dass das Band bestehen bleibt – er gibt den Halt, den unsere Beziehung braucht, wenn einer der beiden anderen Schnüre einmal brüchig wird. Übrigens: Ein Ingenieur, der kürzlich an einem unserer Seminare teilnahm, erklärte uns, dass es die Reibung zwischen den einzelnen Strängen ist, die für die Festigkeit des Bandes sorgt.

Wir greifen noch einmal in unser Familienarchiv, um deutlich zu machen, worum es uns geht. In Kapitel 1 hatten wir bereits von unserem Umzug nach Deutschland berichtet und von der Belastung, die dieser sehr spontane Schritt für unsere Ehe bedeutete. Auch unsere unterschiedliche Sichtweise dieses Umzugs hatten wir angedeutet. Dieser Umzug löste eine Krise in unserer Ehe aus. Wir hatten drei kleine Kinder und fühlten uns in Knoxville, wo wir wohnten, sehr wohl. Wer hätte in dieser Situation an Umzug gedacht? Dave ja. Claudia keinesfalls.

Wir verbrachten Stunden damit, das Für und Wider dieses sehr drastischen Schrittes abzuwägen und zu diskutieren. David sah die Möglichkeiten, die sich auftun würden, das Abenteuer und die Herausforderung einer neuen Arbeitsstelle. Für mich zählten nur die Komplikationen des Umzugs, die zu befürchtenden Schwierigkeiten, in einer fremden Kultur mit drei quirligen Kleinkindern zu überleben, und vor allem: Ich sollte Familie, Freunde und ein schönes Zuhause zurücklassen. Für Dave war es eine Herausforderung, ich hatte einfach nur Angst.

Wir beteten um Klarheit, gemeinsam und allein. David wurde immer ruhiger über der Entscheidung, Claudia verfiel zunehmend in Panik! Der Entscheidungstermin rückte näher. Wäre es ein Fehler, nicht zu gehen, eine verpasste Gelegenheit? Es gab keine einfachen Antworten oder Lösungen; wir konnten uns einfach nicht einigen!

Wer weiß, was mit unserer Ehe passiert wäre, wenn wir nicht einige gemeinsame Grundlagen gehabt hätten, auf die wir uns jetzt beziehen konnten: Unsere Ehe ist eine lebenslange Angelegenheit. Wir sind uns einig über den Sinn für unser Leben und darüber, dass Gott in unserem Leben eine Rolle spielen soll. Aber dieses Gefühl, mit David nicht mehr auf einer Linie zu liegen, werde ich nie vergessen. Er war sich so sicher, dass wir diese Gelegenheit unbedingt nutzen mussten. Und schließlich wurde mir klar, dass sein Wunsch umzuziehen, stärker war als mein Wunsch zu bleiben. Er stützte sich auf das Wissen, dass unsere Gaben sich sehr gut mit der neuen Arbeitsstelle verbinden ließen, und in ihm wuchs die Überzeugung, dass es Gottes Ruf war, der uns nach Europa führte.

Meine Sicht der Dinge stützte sich vor allem auf die Angst vor dem Unbekannten und auf den Unwillen, das Vertraute aufzugeben. An diesem Punkt entschied ich mich dafür, David zu folgen, „in guten wie in schlechten Tagen".

Ich kann nicht sagen, dass es einfach war, im Gegenteil. Noch nie hatte ich etwas getan, was mir derart schwer gefallen war, und ich war überzeugt, dass wir den größten Fehler unseres Lebens begingen. Ich fühlte mich auch am Anfang in Deutschland überhaupt nicht wohl. Körperlich war ich bereits im Juli dort, meine Gefühle kamen aber erst im Februar nach. Letzten Endes war ich aber doch froh, dass wir dieses Risiko eingegangen waren. Geplant war ein Aufenthalt von drei Jahren, es wurden zehn daraus. Für uns sind dies unsere „goldenen Jahre" gewesen.

Wenn wir allerdings nicht diese enge Verbindung zueinander und zu Gott gehabt hätten, wenn wir uns nicht sicher gewesen wären, dass in unserem Leben und in diesem Umzug nach Europa ein Sinn liegt, der tiefer ist als das, was wir mit unserem menschlichen Verstand begreifen können, wenn unsere Ehe für uns nicht ein immer neues Übungsfeld für Liebe, Dienen und Vergebung gewesen wäre – wir wären sicherlich gescheitert. Aber unser Netz von Grundüberzeugungen hatte seine Bewährungsprobe bestanden.

Vielleicht standen Sie schon einmal vor einer ähnlichen Krisensituation – einer Krankheit, finanziellen Schwierigkeiten oder einer gescheiterten Beziehung. Jeder Mensch hat in mindestens einem dieser drei Bereiche Probleme. Egal, welchen Ängsten oder Problemen Sie sich damals gegenübersahen oder heute gegenübersehen – Krisenzeiten erfordern zusätzliche Ressourcen. In solchen Zeiten stellt sich heraus, was im Leben wirklich trägt. Und dazu muss man sich auf die eigenen Grundüberzeugungen besinnen und sein Handeln darauf gründen. Es kann bedeuten, dass wir diese Grundüberzeugungen neu bedenken oder erneuern müssen, allein, aber auch als Paar. Das ist nicht immer einfach, gewiss. Aber es wird Ihnen helfen, eine tiefere, geistliche Verbundenheit zu entwickeln. Etwas Besseres können Sie für Ihre Partnerschaft nicht tun. Denn keine Beziehung kommt ohne Krisen aus. Und gerade dann bewährt sich Ihr geistliches Fundament.

In unserer schon oben erwähnten Umfrage unter „Langzeit"-Ehepaaren entdeckten wir noch folgende interessante Tatsache: Der Schlüssel für eine erfüllte dauerhafte Partnerschaft und eine geistliche Verbundenheit der Partner liegt nicht in der Anzahl der religiösen Aktivitäten, sondern darin, wie die Partner zueinander stehen. Dass man gemeinsam in den Gottesdienst geht, garantiert noch nicht, dass man auch geistlich zusammenwächst. Erst die vielen Entscheidungen, die täglich zu treffen sind und in denen sich die gewählten Werte bewähren müssen, führen zu diesem inneren Zusammenwachsen als Auswirkung unserer Grundüberzeugungen. Wir wollen Ihnen vier unserer persönlichen Grundüberzeugungen vorstellen und aufzeigen, wie sie unser spirituelles Zusammenwachsen beeinflussen: bedingungslose Liebe und Akzeptanz, Vergebung, Gebet und eine Grundhaltung des Dienens.

Aus der gemeinsamen Spiritualität leben

Viele Menschen verbinden mit dem christlichen Glauben spontan das Gebot der Nächstenliebe. Und es ist in der Tat eine zentrale biblische Weisung. Auf unsere Ehe angewendet, bekam diese biblische Wegweisung zu einem erfüllten Leben eine ganz neue Bedeutung. Das Schlüsselwort ist Nächster und meint die Person, die uns am nächsten ist. Für jeden verheirateten Menschen ist das nun einmal der Ehepartner, derjenige, den wir uns ausgesucht haben, um mit ihm das Leben in seiner tiefsten und intimsten Dimension zu teilen. Wenn wir unseren Partner lieben wie uns selbst, liegt uns sein Wohlergehen am Herzen, werden wir das suchen, was ihn fördert, erfreut, ihm nützt, ihn aufbaut (das heißt „dienen"), und nicht nur danach fragen, ob er uns aufbaut, fördert und erfreut. Wir werden der Versuchung widerstehen, ihn zu manipulieren oder Machtspiele zu spielen. Wir wollen eine Beziehung, die sich auf Liebe und Vertrauen gründet.

Sehr viele Beziehungskonflikte wären gelöst, wenn wir diese lebenskluge Weisheit in die Tat umsetzen würden: Den anderen lieben wie uns selbst. Wir sind meist so auf uns selbst fixiert und möchten, dass die Dinge nach unseren Vorstellungen laufen. Damit geistliche Verbundenheit entsteht, muss man die Sache aber von der anderen Seite angehen. Hier sind unsere Vorstellungen davon, wie wir versuchen, unsere gemeinsame Spiritualität umzusetzen.

Bedingungslose Liebe und Akzeptanz

Der Kernpunkt unserer Grundüberzeugungen ist die frei gewählte Verpflichtung, den anderen bedingungslos zu akzeptieren und zu lieben. Also nicht: „Ich liebe dich, wenn du …", sondern: „Ich werde dich lieben, auch wenn du …". Oder besser noch: „Ich will und werde dich lieben. Punkt." Das ist natürlich nicht einfach, und oft werden wir es nicht schaffen. Im „wirklichen Leben" ist es nicht immer leicht, den anderen zu akzeptieren. Wir reagieren zu oft auf Äußerlichkeiten. Ich hatte mir einmal die Haare kurz schneiden lassen, viel kürzer, als ich es selbst eigentlich vorhatte. Daves Kommentar: „Das macht dich aber älter" war da natürlich alles andere als hilfreich.

Es ist auch nicht immer einfach zu akzeptieren, dass Ihr Partner fünf Kilo zuviel auf den Rippen hat oder dass Sie einen Monat lang finanziell kürzer treten müssen, weil der Partner das Gehalt gleich für einen neuen Drucker verschwendet hat, der eigentlich nicht nötig war. Und dann sind ja da noch all die kleinen Eigenheiten, die wir an uns haben: benutzte Taschentücher, die nicht weggeworfen werden, Töpfe und Pfannen, die beim Spülen immer „übersehen" werden, und die Kleidung, die abends einfach auf dem Boden anstatt auf dem Bügel landet. Und doch hilft uns unsere Verpflichtung, den anderen zu akzeptieren, auch damit zurechtzukommen.

Für uns besteht das Ziel unserer Ehe aber nicht darin, den anderen lediglich zu akzeptieren, sondern ihn zu lieben. Punkt. Vor zweitausend Jahren gab der Apostel Paulus einer Gemeinde, die in diesem Bereich ebenfalls Probleme hatte, einen guten Rat. Er erinnerte sie daran, dass die Liebe geduldig und freundlich ist. Wenn man jemanden wirklich liebt, dann beneidet man ihn nicht oder wird schnell ärgerlich. Die Liebe soll vergeben und dem anderen nichts nachtragen, oder noch besser, die Schwächen des anderen erst gar nicht bemerken.[21]

Werden wir diesem Bild der Liebe, das Paulus hier zeichnet, immer gerecht? Nicht immer! So zu lieben ist schwer. Es ist auch sicher nicht das, was uns einfach zufällt. Aber wir erfahren auch immer wieder, dass es die geistliche Dimension unseres Lebens ist, die uns fähig macht, diese Art von Liebe miteinander zu leben. Aber wir müssen uns immer wieder auch klar machen, dass Liebe etwas ist, für das wir uns bewusst entscheiden können.

Manchmal, wenn Probleme auftauchen, sind wir fähig zu einem gewissen Maß an Selbstlosigkeit – als David zum Beispiel einen Migräneanfall hatte und wir ein Abendessen im Restaurant absagen mussten. Claudia beschwerte sich nicht, sondern verwöhnte ihn so gut es ging. Oder damals, als der Zahnarzt nach einer komplizierten Wurzelbehandlung zu Claudia sagte: „Nehmen Sie zu Hause eine Aspirin, dann werden Sie gar nichts merken." Von wegen. Ich hatte die ganze Nacht bohrende Zahnschmerzen, und David versorgte mich alle halbe Stunde mit Kühlkissen und Tabletten. Bei anderen Gelegenheiten war unsere bedingungslose Liebe nicht ganz so bedingungslos. Aber wir arbeiten weiter daran.

Vergebung

Wenn wir es nicht schaffen, den anderen zu akzeptieren und bedingungslos zu lieben, verlassen wir uns auf eine unserer anderen Grundüberzeugungen: die Bereitschaft, dem anderen zu vergeben. Wie wichtig die Vergebungsbereitschaft ist, haben wir bereits oben erwähnt. (Erinnern Sie sich an den Splitter und den Balken?) Andere Forschungen bestätigen das: „Für eine gesunde Beziehung ist Vergebung ein Schlüsselthema. Auf Dauer angelegte, gesunde Beziehungen brauchen das Element der Vergebung. Wenn es fehlt, werden emotionale Schulden angehäuft, die das Potenzial für Vertrautheit zerstören. Ehen, die ein Leben lang halten sollen, brauchen das Element der Vergebung."[22]

Wir können das nur bestätigen. Die Bereitschaft, dem anderen zu vergeben und auch selbst Fehler einzugestehen und um Vergebung zu bitten, ist ein wesentlicher Baustein für die geistliche Verbundenheit. Wir leben davon, dass Gott uns vergibt. So können wir auch einander vergeben. Wenn ein Geist der Vergebung herrscht, können wir dem anderen Mitgefühl, Toleranz und Großzügigkeit entgegenbringen, ihm einfach Gutes tun. Auf dieser Grundlage wachsen Vertrautheit und Vertrauen in der Beziehung.

Gebet

Ein dritter Grundpfeiler unserer Glaubensbasis ist das Gebet. Für uns ist das Gebet eine einzigartige geistliche Kraftquelle in der Ehe. Im Gebet sind wir einander auf der geistlichen Ebene nah. Der bekannte schweizer Psychiater Paul Tournier schreibt:

„Glücklich sind die Paare, die erkennen und verstehen, dass ihr Glück ein Gottesgeschenk ist, die zusammen niederknien können, um Gott ihren Dank zu bringen, nicht nur für die Liebe, die er in ihre Herzen gegeben hat, nicht nur für die Kinder, die er ihnen schenkte, und nicht nur für die Freuden des Lebens, sondern auch für die Fortschritte in ihrer Ehe, die er möglich macht, indem er sie in die harte Schule gegenseitigen Verstehens schickt."[23]

Schon vor Jahren haben wir begonnen, gemeinsam zu beten. Manchmal fällt es uns leicht, manchmal nicht. Wenn es in der Beziehung nicht stimmt, ist gemeinsames Beten schwer, wenn nicht gar unmöglich. Wir greifen dann auf den Tipp unserer Quäker-Freunde zurück und versuchen, Stille zu teilen. Jeder kann so beten, wie er es gerade braucht, kann ganz im Stillen Gemeinschaft mit Gott suchen und wird doch gestützt von der Tatsache, dass der Partner diese Erfahrung teilt. Für die ersten Versuche eines Ehepaares, gemeinsam zu beten und Gott zu loben, ist das eine gute Sache.

Eine Haltung des Dienens

Wir glauben, dass in unserem gemeinsamen Leben auch der Aspekt der Hingabe nicht fehlen darf, und das bringt uns zu einer Grundhaltung des Dienens. Und wir beginnen damit zunächst in unserer Beziehung. Ein gutes Übungsfeld zum Dienen. Das können wir dann auch auf unsere Beziehungen zu anderen ausweiten. Kennen Sie die Aussage des Paulus: Geben ist besser als nehmen? Für jede Art von Beziehungen, Ehen nicht ausgeschlossen, wäre es eine Revolution, wenn wir diese Grundhaltung des Dienens wieder einüben würden.

Einander zu dienen, besonders in der ständigen Nähe einer Ehe, ist nicht einfach. Aber uns war schnell deutlich, dass es unverzichtbar ist, wenn wir unserer gemeinsamen Glaubensbasis konkrete Gestalt verleihen wollten. Unsere Ehe hat nie besonders gut funktioniert, wenn einer von uns auf Reisen war. Besonders in der Zeit, als die Kinder noch klein waren, war das sehr schwer, denn David war damals sehr viel unterwegs. Er kam erschöpft nach Hause und wollte einfach nur seine Ruhe haben. Ein Erlebnis aus dieser Zeit ist uns noch besonders lebhaft in Erinnerung. Dave verkaufte Dienstleistungen für Unternehmenssoftware und hatte seit Monaten an einem System für ein bestimmtes Unternehmen gearbeitet. Seine Reise sollte das Geschäft perfekt machen. In letzter Minute machte das Unternehmen einen Rückzieher, und die ganze Arbeit war umsonst. Völlig entmutigt und ohne Vertrag kam er nach Hause. Er wollte nichts mehr sehen und hören und hätte sich am liebsten irgendwo verkrochen.

Ich (Claudia) dagegen konnte seine Rückkehr kaum erwarten. Unsere Kinder waren damals drei und ein Jahr alt, und der Ältere hatte gerade seinem jüngeren Bruder die Masern vererbt. Ich war die ganze Zeit zu Hause angebunden gewesen und sehnte mich danach, mich wieder auf Erwachsenenniveau unterhalten zu können. Ich erwartete dringend Verstärkung, und das war einer der Gründe, warum ich Dave so sehnsüchtig zurückerwartete.

Unsere Begegnung verlief damals nicht ganz so, wie man es von Menschen erwarten würde, die einander dienen wollen. Wir waren jeder so in unseren eigenen Schwierigkeiten gefangen, dass uns der Gedanke daran, was der andere jetzt wohl nötig hätte, überhaupt nicht in den Sinn kam. Claudia konnte nicht verstehen, warum Dave nicht auf ihre Be-

dürfnisse einging, und David wollte einfach nur in Ruhe gelassen werden und allein sein. Es gab hitzige Auseinandersetzungen und Vorwürfe: „Du denkst aber auch immer nur an dich." Dachte jeder.
Nachdem wir uns so lange allein mit unserem Elend herumgeschlagen hatten, wie wir es nur irgend aushalten konnten, entschuldigten wir uns und fingen von vorne an. Auch heute noch verfangen wir uns manchmal in diesem Netz von „meine Bedürfnisse" und „deine Bedürfnisse". Immer noch gibt es Entschuldigungen und Neuanfänge. Wir kennen zwar das Prinzip, aber das bedeutet noch lange nicht, dass wir es auch immer anwenden. Aber wir haben es noch nicht von der Liste unserer Ziele gestrichen. Wir üben weiter.
Was fällt Ihnen ein, wenn Sie überlegen, wie Sie Ihrem Partner Gutes tun können? Zum Beispiel indem Sie auf die Stimmungen des anderen eingehen. Hätte ich David bei seiner Rückkehr nicht gleich mit meinen Vorstellungen überfallen, wäre es vielleicht anders gelaufen. Vielleicht können Sie Ihre Wünsche zurückstellen und Ihrem Partner entgegenkommen. Bevor Dave sich in seinen Panzer zurückzog, hätte er mir den Gefallen tun können, mit mir auszugehen oder zumindest die Kinder zu übernehmen, damit ich einmal durchatmen konnte.
Diese Grundhaltung des Dienens geht dann auch über die Partnerschaft hinaus. Wenn wir glauben, dass auch unser gemeinsames Leben Teil eines größeren Zusammenhangs ist und dass auch darin Gottes Ziele und Absichten sich verwirklichen wollen, suchen wir nach Wegen, auch anderen mit dieser Dienstbereitschaft zu begegnen. Daraus erwächst dann vielleicht ein gemeinsames Engagement – im Umweltschutz oder in einer sozialen Einrichtung. Auch Ihre Gemeinde bietet hier ein reiches Einsatzfeld. Wenn man sich ernsthaft engagieren möchte, lassen entsprechende Gelegenheiten nicht lange auf sich warten. Immer, wenn wir uns im Dienst für andere engagiert haben, hat auch unsere Beziehung davon profitiert.

Jetzt können Sie aktiv werden

Man kann nur schwer über geistliche Verbundenheit in der Partnerschaft sprechen, wenn man nicht den Mut hat, auch etwas von der eigenen Suche und dem eigenen Weg mitzuteilen. Wir sind dieses Risiko eingegangen – in der Hoffnung, dass es Ihnen einen Anstoß gibt, sich auf Ihre eigene Reise zu begeben. Denn gerade auf diesem Gebiet kann nur jeder seine eigenen Antworten finden.

Wir möchten Ihnen Mut machen, auch in diesem Bereich Ihrer Partnerschaft die Chancen zu größerer Nähe und Verbundenheit zu entdecken. Seien Sie bereit, sich Ihrem Partner zu öffnen und sich verletzlich zu machen. Aber denken Sie immer daran, dass die Gefühle des anderen mit großer Vorsicht zu behandeln sind. Ihre Beziehung wird von dieser neuen Dimension von Gemeinsamkeit profitieren.

Sie haben die Wahl

*Übung neun: Wir suchen nach
unserer gemeinsamen Spiritualität*

1. An welcher Stelle Ihres inneren Weges befinden Sie sich gerade, als Einzelne und als Paar?

2. Was sind Ihre Grundüberzeugungen?

3. Wie können diese in Ihrer Partnerschaft zum Ausdruck kommen?

4. Was tun Sie gemeinsam dafür, Ihre Grundüberzeugungen oder Ihren Glauben zu vertiefen und in diesem Bereich zusammenzuwachsen? Könnten Sie mehr tun? Was?

5. Welche Unterstützung wünschen Sie sich von Ihrem Partner für Ihren eigenen geistlichen Weg?

6. Was können Sie tun, um die geistlichen Bedürfnisse Ihres Partners zu unterstützen?

7. Welche konkreten Schritte können Sie tun, um Ihre Partnerschaft aus der Grundhaltung des Dienens heraus zu gestalten?

Entscheidung zehn
Wir gestalten unsere Ehe bewusst

„Ich bin es gewohnt, Ziele für mein Unternehmen festzulegen", sagte Ralf, Geschäftsführer einer größeren Firma und Teilnehmer bei einem unserer Seminare. „Aber ich habe noch nie daran gedacht, mit meiner Frau Ziele für unsere Ehe festzulegen. Dabei macht das durchaus Sinn. Wir haben fünfundzwanzig Jahre ohne Ziele gelebt. Ist es jetzt zu spät?"
Natürlich kann die Antwort nur lauten: Es ist nie zu spät. Egal, wie lange Sie verheiratet sind, ob fünf, zehn oder dreißig Jahre, Sie können immer anfangen, sich darüber klar zu werden, wohin Sie eigentlich gemeinsam steuern möchten. Es ist nie zu spät, Ihre Ehe bewusst zu führen und daraus eine Beziehung zu machen, in der beide Partner Ziele setzen und selbst aktiv werden, um die Beziehung zu verbessern und zu genießen. Ralf und Norma ist es gelungen – warum sollte das bei Ihnen anders sein? Sie hätten dieses Buch nie bis Kapitel 10 gelesen, wenn Sie nicht wirklich daran interessiert wären, Ihre Beziehung zu verbessern. Vielleicht haben Sie schon einige konkrete Ideen, nun liegt es nur noch daran, sie auch umzusetzen.

Manchmal liegt das Problem gar nicht darin, dass wir nicht wüssten, was wir tun sollen, sondern dass wir nicht tun, was wir wissen. Man braucht drei Wochen, um sich eine neue Gewohnheit anzueignen, und sechs Wochen, um sich damit auch wohl zu fühlen. In diesem Kapitel möchten wir Ihnen Wege zeigen, wie Sie Ihre Beziehung bewusster gestalten können. Von Zeit-Management hat jeder schon gehört – uns geht es hier um „Beziehungs-Management". Überlassen Sie es nicht dem Zufall und den Umständen, wie Ihre Beziehung sich entwickelt. Denn dass sie lebendig und erfüllend und prickelnd bleibt (oder wieder wird), das ist kein Schicksal. Sie haben es zu einem großen Teil in der Hand. Sie können die Beziehung haben, die Sie sich wünschen. Die folgenden drei Schritte sind Bausteine auf dem Weg dazu: 1. Überprüfen Sie Ihre früheren Erwartungen. 2. Beurteilen Sie, wie stark jeder am Leben des anderen teilhat. 3. Setzen Sie sich Ziele für die Zukunft.

Was haben Sie erwartet?

Ein erster Schritt auf einem gezielten Weg in die Zukunft ist der Blick in die Vergangenheit. Machen Sie sich bewusst, mit welchen Erwartungen Sie einmal in Ihre Ehe gestartet sind. Einige waren realistisch, andere sicher nicht. Bei unseren Seminaren fragen wir die Teilnehmer manchmal, was sie von dem Wochenende erwarten und warum sie überhaupt gekommen sind. Die Antworten sind oft überraschend: Ein Paar kam, weil wir parallel zum Seminar auch Kinderbetreuung angeboten hatten. Für ein anderes Paar war das Seminar ein Geschenk ihrer Kinder zur Silberhochzeit. Die Schallers, ein Ehepaar um die sechzig, hatten einen ganz anderen Grund. Sie hatten ihren Kindern das Seminar geschenkt, aber die mussten im letzten Moment absagen. Da das Wochenende bereits bezahlt war, kamen sie stattdessen.

Herr Schaller fühlte sich sichtlich unwohl. Als es an die erste Partnerübung ging, war es bei ihm und seiner Frau sehr still. Aber im Laufe des Wochenendes wurden sie immer lockerer, und am Sonntagabend waren sie glühende Befürworter von Eheseminaren geworden. Seitdem sind immer wieder Bekannte von Schallers in unseren Seminaren …

Unsere Erwartungen an die Realität anzupassen ist einfach, wenn wir mit geringen Erwartungen auf etwas zugehen (wie die Schallers an diesem Wochenende) und dann von der Wirklichkeit angenehm überrascht werden. Aber in der Ehe ist es meist umgekehrt. Wir starten in die Ehe mit der rosaroten Brille und der Erwartung, dass wir nun endlich den Menschen gefunden haben, der alle unsere Bedürfnisse und Erwartungen erfüllen wird. Aber wenn die Flitterwochen vorbei sind, die Hormone sich wieder beruhigt haben und der Alltag beginnt, stellt sich heraus, dass die Realität vielleicht nicht ganz dem entspricht, was wir erwartet haben.

Noch dazu können die Erwartungen der beiden Partner ja durchaus unterschiedlich sein. Eine Gruppe von Jugendlichen wurde gefragt, wie sie sich ihren zukünftigen Partner vorstellen. Ein Junge gab bekannt, er wünsche sich eine „altmodische" Frau, so wie seine Mutter, die Putzen, Kochen und Hemden bügeln kreativ und aufregend findet. Ein Mädchen wollte Karriere machen, aber auch fünf Kinder haben, und sie war davon überzeugt, dass ihr Mann die Hälfte der Hausarbeit übernehmen würde. Wir können den beiden nur wünschen, dass es zwischen ihnen *nicht* funkt.

Was für Erwartungen hatten Sie vor der Ehe? Die folgenden Antworten stellen eine Auswahl dessen dar, was in Seminaren auf diese Frage geantwortet wird:
❑ Der Hauptgrund zum Heiraten war für mich Sex.
❑ Ich habe erwartet, dass mein Partner meine Bedürfnisse erfüllt – dass er so ist wie ich.
❑ Ich wollte Romantik.
❑ Ich suchte Sicherheit und Liebe, jemand, an den ich mich anlehnen und dem ich vertrauen kann.
❑ Für mich war es wirklich wichtig, dass in unserer Beziehung Frieden und Harmonie herrschen und dass wir alles, was zwischen uns steht, sofort aus der Welt schaffen.

Es ist sehr wahrscheinlich, dass einige von denen, die diese Antworten gegeben haben, in ihrer Ehe ein paar unangenehme Überraschungen erlebt haben. „Die häufigste Ursache von Eheproblemen liegt darin, dass die Bedürfnisse der Partner nicht übereinstimmen. Sie können aber den Konflikt nicht bereinigen, weil sie gar nicht wissen, dass er existiert. Sie wissen nur, dass sie sich nicht wohl fühlen."[24]

Wir müssen über unsere Erwartungen sprechen. Erwartungen zu erfüllen, die wir kennen, ist schon schwer genug, Erwartungen zu erfüllen, die wir nicht kennen, ist unmöglich. Susanne und Thomas gerieten nach fünfzehn Ehejahren in eine ernsthafte Krise. Unausgesprochene Erwartungen, lange unterdrückt, erwiesen sich jetzt als Zeitbombe. Thomas hatte die Vorstellung, Susanne könne ihm seinen besten Freund ersetzen, der bei einem Unfall ums Leben gekommen war. Susanne wollte von Thomas so verwöhnt und behütet werden, wie sie es von ihrem Vater kannte. Natürlich erfüllte keiner die Erwartungen des anderen. Sie wussten noch nicht einmal voneinander, welche Erwartungen der andere hatte.

Mit welchen Erwartungen sind Sie in die Ehe gegangen? Welche davon waren realistisch? Haben Sie sich mit den Hoffnungen auseinander gesetzt, die nicht erfüllt wurden? Erwarten Sie noch von Ihrem Partner, dass er sie erfüllt? Haben Sie jemals über ihre beiderseitigen Erwartungen gesprochen? Nehmen Sie sich jetzt die Zeit, es zu tun. Der folgende Fragebogen kann Ihnen dabei helfen.

Fragebogen: Meine Erwartungen an unsere Beziehung[25]

Was erwarten Sie von Ihrem Partner oder von Ihrer Beziehung? Warum haben Sie geheiratet? Was ist Ihnen und Ihrem Partner am wichtigsten? Die Liste umfasst sieben Grunderwartungen. Ordnen Sie sie nach Wichtigkeit (1 für sehr wichtig, 7 für unwichtig) zunächst für sich selbst, dann auch für Ihren Partner. (Ggf. ergänzen Sie, was Ihrer Ansicht nach noch fehlt.)

ICH PARTNER

☐ ☐ *Sicherheit* – die Gewissheit, dass die Beziehung auf Dauer angelegt ist und wir materiell gesichert sind.

☐ ☐ *Gemeinschaft* – jemanden haben, mit dem man wirklich alle schönen und schlimmen Tage teilt, einen Freund, dem man sich innerlich verbunden fühlt und mit dem man gemeinsame Interessen hat.

☐ ☐ *Sexualität* – die Einheit, die durch körperliches Beisammensein in der Ehe entsteht; Freude an einer sich positiv entwickelnden Liebesbeziehung.

☐ ☐ *Verständnis und Zärtlichkeit* – immer wieder eine Berührung, ein Kuss, ein Blick, der mir sagt: „Ich liebe dich", „Du bist mir nicht egal", „Ich denke an dich".

☐ ☐ *Ermutigung* – dass jemand da ist, der zu mir steht und mir immer wieder einmal sagt, dass meine Arbeit im Beruf, zu Hause, in der Erziehung usw. in Ordnung, wichtig und geschätzt ist.

☐ ☐ *Intellektuelle Verbundenheit* – miteinander darüber reden können, was uns bewegt und interessiert, und bereit sein, den eigenen und gemeinsamen Horizont zu erweitern; geistige Interessen, die man zusammen pflegen kann.

☐ ☐ *Gemeinsame Aktivitäten* – vieles gemeinsam tun: Sport, Hobbys, politisches Engagement, Arbeit in Vereinen, in der Gemeinde oder in karitativen Organisationen usw.

☐ ☐ _____

So wie es in einer Ehe verschiedene Erwartungen gibt, gibt es auch ein unterschiedliches Maß an Gemeinsamkeiten.

Wie viel Nähe wollen wir?

Wie viel Intimität und Verbundenheit wünschen Sie sich für Ihre Ehe? Möchten Sie das Leben wirklich in jeder Hinsicht miteinander teilen? Die meisten Paare würden mit „ja" antworten. Liebe, Vertrauen und Wertschätzung, die uns entgegengebracht werden, auch oder gerade wenn der andere um unsere Schwächen weiß, geben uns Selbstvertrauen und das Gefühl zu wissen, wo wir hingehören.

An welchem Punkt Ihrer Beziehung stehen Sie heute? Vielleicht gibt es die Nähe, die Sie sich wünschen, in Ihrer Beziehung zur Zeit nicht. Der erste Schritt zu größerer Nähe ist, sich die gegenwärtige Situation bewusst zu machen. Jede Beziehung ist einzigartig. Die Frage nach dem idealen Verhältnis von Nähe und Distanz muss jedes Paar für sich selbst beantworten. Vielleicht können Sie sich für Ihre eigene Standortbestimmung am folgenden Diagramm orientieren.[26]

Minimale Teilnahme   Erweiterte Teilnahme   Maximale Teilnahme

Mimiale Teilnahme

In Beziehungen mit minimaler Teilnahme gibt es zwischen den Partnern nur wenige Gemeinsamkeiten, die Lebenskreise überschneiden sich nur geringfügig. Beide haben unterschiedliche Hobbys und Interessen und gestalten ihr Leben in hohem Maß unabhängig voneinander.

„Ich merke gar nicht, wenn mein Mann auf Geschäftsreise ist", sagte eine Bekannte, die diesen Stil für ihre Partnerschaft gewählt hatte. Wir fragten uns schon, wie stabil diese Beziehung wohl sein könnte, und warum es zwischen den beiden nicht mehr Spannungen gab, wo sie doch so wenig Zeit miteinander verbrachten. Für uns wäre eine so große Distanz nichts. Aber für unsere Bekannten ist das offensichtlich in Ordnung.

Maximale Teilnahme

Dies ist der Beziehungsstil, den wir für unsere Ehe gewählt haben. Jeder ist so weit wie möglich in das Leben des anderen inbegriffen. Wir arbeiten zusammen, geben gemeinsam Seminare, schreiben zusammen; wir haben gemeinsame Freunde und Hobbys. Wir treffen Entscheidungen gemeinsam und teilen unsere Gedanken und Träume miteinander. Sogar unsere Schreibtische stehen so, dass wir einander ansehen können.

Unsere Lebenskreise überschneiden sich in hohem Maße, auch wenn jeder von uns noch eigenen Interessen und Aktivitäten nachgeht. Wir müssen eher daran arbeiten, in unserer Beziehung Freiräume für uns als Einzelpersonen zu schaffen, denn es kann auch leicht ein Zuviel an Zusammensein geben. Natürlich ist es für eine Beziehung mit maximaler gegenseitiger Teilnahme nicht Voraussetzung, dass man gemeinsam arbeitet. Vielleicht telefonieren Sie tagsüber öfter miteinander, einfach nur so, oder weil eine Entscheidung ansteht. Oder Sie haben gemeinsame Interessen und Freunde.

Erweiterte Teilnahme

Die weitaus meisten Beziehungen werden wohl nach diesem Modell gestaltet. Mike und Silvia zum Beispiel bemühen sich sehr darum, dass sie so viel wie möglich miteinander teilen. Sie gehören als Liebende und Freunde zusammen, sie führen eine gute Ehe, aber beide verfolgen eine eigene berufliche Karriere.

Mike ist ein talentierter junger Graphiker und hat sicherlich eine große Zukunft vor sich. Als sich für ihn die Möglichkeit bot, sich selbstständig zu machen, investierten die beiden viel Zeit, um darüber zu sprechen, welche Auswirkungen ein solcher Schritt auf ihre Ehe und Familie – sie haben zwei kleine Kinder – haben könnte. Sie entschieden sich für diesen Schritt.

Mike arbeitet immer sehr lange und braucht meist auch die Wochenenden, um dringende Projekte fertig zu stellen. Silvias Job ist nicht ganz so fordernd; keiner von beiden ist lange geschäftlich auf Reisen, und doch müssen diese beiden sich um Überschneidungen ihrer Lebenskreise regelrecht bemühen. Aber sie haben Wege gefunden, wie das gelingt. So haben sie ihr Haus zum Gemeinschaftsprojekt gemacht: Ein neuer Außenanstrich wurde gemeinsam bewältigt, sie setzten einen neuen Zaun, damit die Kinder nicht auf die Straße laufen, und kürzlich haben sie einen Steingarten angelegt, der uns vor Neid erblassen lässt.

Für Mike und Silvia bedeutet diese mittlere Ebene gegenseitiger Teilnahme schon eine Anstrengung. Eine Beziehung auf der Ebene maximaler Teilnahme ist für sie nicht realistisch; die Version der minimalen Teilnahme ist nicht das, was sie sich für ihre Beziehung wünschen.

Nähe und Distanz in Ihrer Beziehung

Um es noch einmal deutlich zu sagen: Alle drei Modelle für Nähe und Distanz in einer Beziehung sind möglich. Zudem gibt es noch viele Zwischenebenen. Wichtig ist allein, dass Sie in Ihrer Beziehung wissen, wie viel oder wenig Nähe für Sie richtig und wünschenswert ist. Wo stehen Sie im Moment? Nachdem Sie dieses Buch gelesen haben – sind Sie einander näher gekommen? Überschneiden sich Ihre Lebenskreise mehr oder weniger? Sind beide Partner mit der momentanen Situation zufrieden?

Rufen Sie sich noch einmal die Erwartungen in Erinnerung, die Sie einmal hatten. Wenn gemeinsame Aktivitäten ganz oben auf Ihrer Liste standen – unternehmen Sie tatsächlich viel gemeinsam? Wollten Sie einen vertrauten Freund, der die Höhen und Tiefen des Lebens mit Ihnen teilt – und ist Ihnen Ihr Partner so ein Freund geworden? Wenn nicht, ist das kein Grund zur Resignation. Viele Paare haben erkannt, wie groß der Unterschied zwischen Wunsch und Wirklichkeit ist, und das war für sie der Anstoß, etwas daran zu ändern.

Was passt für uns?

Nach der Bestandsaufnahme sprechen Sie darüber, welcher Grad an gegenseitiger Teilnahme am Leben für Sie wünschenswert ist. Versuchen Sie auszudrücken, was Sie empfinden und wünschen, ohne den Partner anzugreifen oder sich selbst zu verteidigen. Vielleicht möchten Sie darüber sprechen, wo Sie sich mehr Nähe wünschen und wo mehr Distanz.

Sie müssen Ihr eigenes Modell finden. Und die Kunst des Kompromisses wird für eine Verwirklichung meist nötig sein. Philip, damals Assistenzarzt, erzählte uns: „Sobald ich nach Hause komme, gibt es sofort Abendessen – für den Rest der Familie ist das eigentlich zu spät. Wenn die Kinder endlich im Bett sind und zum zehnten Mal noch etwas zu trinken bekommen haben, habe ich einfach keine Energie mehr, um noch an unserer Beziehung zu arbeiten. Wenn wir versuchen, zusammen ein Ehebuch (oder überhaupt etwas) zu lesen, schlafe ich regelmäßig ein. Das ist für Rita natürlich auch nicht sehr ermutigend. Und Kurse, in denen man noch lange Fragenkataloge beantworten oder ausgedehnte Gespräche führen muss, kommen für uns einfach nicht in Frage. In der Phase unseres Lebens, in der wir uns gerade befinden, klappt das nicht. Wenn wir versuchen, etwas für unsere Beziehung zu tun, endet das immer in großer Enttäuschung auf beiden Seiten. Wo sollen wir anfangen?"

Der Rat, den wir geben konnten, hieß: Träumen Sie nicht von gemeinsamer Zeit, die Sie nicht haben. Nutzen Sie die Zeit, die Sie haben. Das war zwar im Fall von Rita und Philip wirklich wenig, aber sie fingen an, diese Zeit anders zu gestalten. Sie stehen jetzt eine Viertelstunde eher auf und beginnen den Tag mit einer Tasse Kaffee und einer gemeinsamen Stillen Zeit. Sie sprechen über das, was jeden beschäftigt, und schaffen so ganz bewusst zu Beginn des Tages eine Gelegenheit zur Begegnung.

Natürlich kam sofort die Frage: „Und wie schafft ihr es, das an jedem Tag durchzuhalten und Zeit füreinander zu finden?" Die entschiedene Antwort der beiden: „Nun ja, wir finden die Zeit nicht – wir nehmen sie uns. Wenn wir das schaffen, wissen wir, dass es uns darin um eine gemeinsame Sache geht."

Sind Sie in einer gemeinsamen Sache engagiert? Was steht im Zentrum Ihrer Bemühungen? Welche Erwartungen haben Sie? Sind sie realistisch? In den ersten Jahren einer Ehe, noch bevor Kinder geboren oder in den späten Jahren, wenn sie bereits ausgezogen sind, sind sicherlich andere Erwartungen realistisch als in der Kleinkinder- oder Teenagerphase.

Seien Sie realistisch

Eines unserer Seminare hielten wir einmal in einem sehr netten kleinen Hotel in North Carolina. Die Besitzer hatten lange in Atlanta gelebt und hatten ein sehr hektisches Leben auf der Überholspur hinter sich gelassen. Sie träumten aber davon, auch ihre Arbeit zu teilen, und der Friede und die Heiterkeit der Berge in North Carolina brachten sie dazu, das kleine Hotel zu kaufen.

Allerdings sahen wir sie nie gemeinsam. Die Frau erzählte uns: „Eigentlich sind wir jetzt weniger zusammen als früher. Wir arbeiten praktisch in Schichten. Es ist sogar so, dass wir uns immer weiter voneinander entfernen. Die wirklichen Probleme gehen wir nicht an, wir finden überhaupt nicht mehr zusammen."

Für sie war es an der Zeit, sich neu zu orientieren. Ihre Erwartungen hatten sich nicht erfüllt, was teilweise auch daran lag, dass sie unrealistisch waren. Wir rieten ihnen, sich wie Philip und Rita eine Viertelstunde am Tag Zeit zu nehmen, um wieder zueinander zu fingen. Eigentlich brauchten sie mehr Zeit miteinander, aber das war zumindest ein Anfang.

Wenn Sie sich über Ihre Erwartungen klar geworden sind und auch herausgefunden haben, welches Maß an Gemeinsamkeit und Nähe in Ihrer Beziehung existiert, legen Sie im dritten Schritt Ziele für Ihre Ehe fest.

Wie sieht unsere Traumbeziehung aus?

Wir kommen noch einmal auf Ralf und Norma zurück. Ohne konkrete Planung hätte Ralf niemals seine jetzige Position erreicht. Im Geschäftsleben ist das unerlässlich und mangelnde oder unkonkrete Zielvorgaben können die Existenz von Unternehmen gefährden. Aber auch in Beziehungen kommt man nicht aus ohne eine klare Vorstellung da-

von, wo man hin will. Nur wenige Paare nehmen sich die Zeit, konkrete Ziele für ihre Beziehung zu formulieren, von einem Plan zum Erreichen dieser Ziele ganz zu schweigen. Ein Ziel ist etwas, worauf man gemeinsam hinarbeitet. Ralf und Norma haben sich Folgendes zum Ziel gesetzt:
1. Wir möchten lernen, besser miteinander zu reden.
2. Wir möchten in unserer sexuellen Beziehung kreativer werden.
3. Wir wollen im Bereich Finanzen verantwortungsvoller werden und Entscheidungen gemeinsam treffen, besonders was unsere Alterssicherung angeht.
4. Wir suchen uns ein gemeinsames Projekt – ein soziales Engagement oder etwas, was wir zusammen neu lernen.

Setzen Sie Prioritäten

Natürlich konnten Ralf und Norma diese Ziele nicht alle gleichzeitig verfolgen. Sie mussten eines aussuchen, das in den kommenden Wochen oder Monaten umgesetzt werden sollte. Und sinnvollerweise wählten sie einen Bereich, in dem sie schnell Fortschritte sehen konnten. Durch den Erfolg ermutigt, konnten sie sich dann auch an schwierigere Projekte heranwagen.

Fangen Sie an

Als Nächstes stellt sich die Frage: „Wie setzen wir das um?" Drei einfache Worte dienen als Richtschnur für einen Aktionsplan: Was? Wie? Wann?

Was? Welches Ziel haben Sie gewählt? Ralf und Norma entschieden sich dafür, besser miteinander reden zu lernen.

Wie? Da war es natürlich nur logisch zu fragen: „Wie können wir dieses Ziel erreichen?" Der Weg dorthin musste zu bewältigen und die Ergebnisse gut messbar sein, damit sie erkennen konnten, wann sie das Ziel erreicht hatten. Wie konnten Ralf und Norma ihre Kommunikation verbessern? Welche Aktivitäten würden ihnen helfen? Sie nahmen sich

Folgendes vor:
- ❏ Jeder von uns liest ein Buch über Kommunikation, das wir dann gemeinsam besprechen.
- ❏ Innerhalb der nächsten zwei Monate werden wir ein Ehe-Wochenende einplanen.
- ❏ Wir werden darauf achten, wie wir miteinander reden, welche Kommunikationsstile wir anwenden. Wir werden versuchen, notwendige Korrekturen zu verwirklichen. Wir werden den anderen nicht angreifen oder uns selbst verteidigen!

Wann? Ralf und Norma hätten ihr Ziel sicher nicht erreicht, wenn sie diese letzte Frage ausgelassen hätten. Sie trugen das, was sie sich vorgenommen hatten, als festen Termin oder feste Aktivität in den Terminkalender ein. Wenn Sie zum Beispiel den Dienstagabend freihalten wollen, dann tragen Sie das im Kalender für jeden Dienstag ein! Wann könnten Sie für ein Wochenende wegfahren? Markieren Sie mehrere Möglichkeiten mit Bleistift und fangen Sie an, ein Wochenende freizuschaufeln. Welches Buch über Kommunikation möchten Sie lesen? Tragen Sie auch die Lesezeiten ein. Und dann halten Sie sich auch an Ihren ausgearbeiteten Zeitplan.

Ein anderes Beispiel:
Verbessern Sie Ihr Liebesleben

Auch hier kommen Sie voran, wenn Sie die drei Kernfragen beantworten: Was? Wie? Wann?

Was? Ihr Ziel ist „mehr Kreativität in der sexuellen Beziehung". Wie können Sie diesen Bereich Ihrer Beziehung so vertiefen, dass Sie das Ziel erreichen und das Ergebnis konkret ablesbar ist? Wichtig ist auch, dass ein Einzelziel nicht anderen gesteckten Zielen zuwiderläuft.

Wie? Kurzfristige Pläne könnten sein:
- ❏ Lesen Sie ein Buch zum Thema.
- ❏ Reservieren Sie sich für die nächsten vier Wochen jede Woche zwei Stunden für ein intimes Zusammensein.

❏ Planen Sie innerhalb der nächsten sechs Wochen ein gemeinsames Wochenende ohne Kinder.
❏ Schreiben Sie auf, was Sie gerne tun würden (gegenseitige Massage, Schaumbad für zwei, romantische Musik bei Kerzenschein ...).

Wann? Machen Sie einen Plan und tragen Sie Termine, die Sie ausgewählt haben, fest in Ihren Kalender ein.
❏ Montag und Donnerstag: Wir lesen vor dem Schlafengehen etwas gemeinsam.
❏ Freitag: Wir nehmen uns zwei Stunden Zeit für ein gemeinsames Mittagessen.
❏ Am ersten Wochenende im nächsten Monat fahren wir alleine weg.
❏ Samstag: Wir schreiben unsere Ideen für ein kreativeres Liebesleben auf Zettel. Die werden in einen Behälter geworfen und zu gegebener Zeit einer nach dem anderen gezogen.

Überpüfen Sie, wie Sie vorankommen

Wie ist es mit Störungen? Es wird sicher welche geben, deshalb ist es wichtig, Ihre Fortschritte zu kontrollieren und flexibel zu reagieren, wenn die Dinge nicht so laufen wie geplant. Es wird Wochen geben, in denen die gemeinsame Zeit sich nicht realisieren lässt. Die Kinder werden krank, ein berufliches Projekt muss unbedingt fertig werden, unangemeldeter Besuch kommt. Aber selbst wenn Sie nicht jeden Punkt einhalten können, den Sie geplant haben, kommen Sie dem gesteckten Ziel immer noch näher, als wenn Sie sich gar keine Gedanken gemacht hätten. Seien Sie realistisch, seien Sie flexibel, aber bleiben Sie am Ball!

Ralf und Norma ist das gelungen. In der letzten Seminareinheit hatten sie noch beschlossen, dass sie nicht nur an ihrem Kommunikationsstil arbeiten, sondern auch regelmäßige Verabredungen einplanen wollten, um ihrer Beziehung wieder einen größeren Stellenwert zu geben. Ihr Ziel war eine Verabredung pro Woche.

Gleich in der ersten Woche musste Ralf zu einer unerwarteten Geschäftsreise. Sie schlossen einen Kompromiss und hielten ihre Verabredung telefonisch ein. Um das ganze kreativer und prickelnder zu gestalten, schickten sie sich gegenseitig zärtliche E-Mails. In der zweiten

Woche kam spontaner Besuch. Wieder einmal wurden ihre Erwartungen nicht erfüllt. In der dritten Woche kam wieder eine Geschäftsreise dazwischen. Aber Norma hatte keine Termine und konnte Ralf begleiten. Ihre Verabredung fand im Zug statt. Das machte so viel Spaß, dass sie entschieden, bei jeder künftigen Zugfahrt ein „Zugrendezvous" einzuplanen.

Wenn Ihr Leben ähnlich hektisch verläuft wie das von Ralf und Norma, nehmen Sie sich die beiden zum Vorbild. Seien Sie kreativ und flexibel. Es spielt ja eigentlich keine Rolle, wo Ihre Verabredung letztendlich stattfindet, ob im Flugzeug, im Zug, im Wartezimmer des Arztes oder in einem Café – Hauptsache, Sie verbringen Zeit miteinander.

Feiern Sie Ihre Ehe

Wenn Sie sich dafür entschieden haben, Ihre Ehe bewusst zu gestalten, nehmen Sie sich vor allem für zwei Dinge Zeit: Gemeinsam Schönes zu erleben und Ihre Ehe zu feiern. Unsere Beziehung hat im Laufe der Jahre dadurch sehr gewonnen. Das sind Vitamine für die Seele, und der Beziehung tun sie auch gut.

Unseren Freund Howard, der eine phantastische Ehe führt, fragten wir nach der Ehe seiner Eltern. Woran erinnerte er sich? Was hatten sie an ihn weitergegeben, das seine Ehe jetzt so besonders machte? Er dachte einen Moment nach und sagte dann: „An zwei Dinge kann ich mich noch gut erinnern. Auf den ersten Blick scheinen sie nichts miteinander zu tun zu haben, aber wenn ich darüber nachdenke, gibt es doch einen Zusammenhang. Erstens: Meine Eltern beteten zusammen. Wenn die Familie vor Schwierigkeiten stand – wir beteten. Zweitens: Meine Eltern lachten viel miteinander. Sie hatten Freude aneinander, und diese Freude gaben sie an uns Kinder weiter."

Was werden Ihre Kinder von Ihrer Ehe in Erinnerung behalten? Werden sie sich an bedingungslose Liebe erinnern, die sich in Ihrem Umgang miteinander widerspiegelt? Wird ihnen das ein Ansporn sein, alle Kraft und Phantasie zu investieren, um selbst eine lebendige, spannende und erfüllende Ehebeziehung zu gestalten? Werden sie sich an Gelächter und Feststimmung erinnern?

Eine erfüllte Ehe, in der es heiter und gelöst zugeht, ist ein großes

Stück Lebensqualität. Sie können entscheiden, ob Sie Ihren Kindern und deren zukünftigen Partnern als Erbe die Erinnerung an eine lebendige, gelungene, erfüllte Beziehung hinterlassen. Es liegt an Ihnen. Heute können Sie damit anfangen. Sie haben die Wahl!

Ein Gedanke zum Schluss: Leben Sie eine Beziehung mit Ausstrahlung

Dass wir heute von uns sagen können: „Wir führen eine sehr glückliche Ehe", ist nicht selbstverständlich. Wir hatten Glück: Wir hatten Freunde und Mentoren, die uns vorlebten, wie eine positive, sich ständig entwickelnde, lebendige Beziehung aussehen kann. David und Vera Mace waren diese Freunde. Sie ließen sich auf uns ein, akzeptierten uns, ermutigten und unterstützten uns in unserem Wunsch, eine lebendige, gesunde Ehe zu führen. Und durch das Fundament, das sie und andere befreundete Paare legten, können wir heute anderen helfen, das zu erfahren, was an uns weitergegeben wurde.

Wenn Sie ähnliche Erfahrungen gemacht haben – möchten Sie das nicht ebenfalls mit anderen teilen? Wohl kaum eine frühere Generation hat so viel Unsicherheit und Instabilität im Blick auf Beziehungen erlebt wie die heutige. Verbindliche, dauerhafte und dabei auch noch glückliche Partnerschaften scheinen immer mehr zur Ausnahme zu werden. Und doch steht der Wunsch nach einer glücklichen Partnerschaft noch immer ganz oben auf der Liste der Dinge, die Menschen sich für ein glückliches Leben wünschen. Wir brauchen Ehen, Partnerschaften, die Ausstrahlung haben. Warum sollten Sie nicht zu denen gehören, die wieder die Hoffnung sichtbar machen, dass Ehen auch gelingen können? Warum sollten andere nicht an Ihrer Beziehung ablesen können, wie eine Ehe so gestaltet wird, dass sie für die Partner zu Erfüllung und Glück führt? Wir brauchen eine Bewegung, die Ehen, Partnerschaften, Beziehungen stabil und für andere attraktiv macht, sodass sie zu Orientierungspunkten dafür werden, wie in menschlichen Beziehungen Liebe gelebt werden kann – kreativ, fröhlich, zielstrebig. Und Sie könnten Teil dieser Bewegung sein.

Gemeinsam unterwegs bleiben

Wenn Sie versuchen, mit nur einem Scheit Feuer machen, wird die Flamme bald ausgehen. Aber wenn Sie mehrere Scheite nehmen, wird das Feuer Licht und Wärme geben. Denken Sie doch einmal darüber nach, ob Sie nicht eine Gruppe gründen wollen, in der Sie Ihre Erfahrungen und die Hilfen, die Sie für Ihre Beziehung erhalten haben, mit anderen Paaren teilen. Das kann mit Nachbarn oder im Rahmen Ihrer Gemeinde geschehen, oder Sie laden einfach befreundete Paare zu sich nach Hause ein. Werden Sie aktiv. Werden Sie zum Mutmacher für andere, damit erfüllte, lebendige Beziehungen und Ehen entstehen. Dieses Buch könnte Ihnen als Anleitung dienen.

Sie haben die Wahl

Übung zehn: Wir gestalten unsere Ehe bewusst

1. Wie soll Ihre Beziehung in fünf, zehn oder fünfundzwanzig Jahren aussehen?

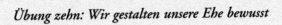

2. Mit welchen Erwartungen gingen Sie in die Ehe?

3. Haben sich Ihre Erwartungen im Laufe der Jahre verändert?

4. Welches Maß an gegenseitiger Teilnahme wünschen Sie sich für Ihre Beziehung? Was ist in Ihrer momentanen Lebensphase realistisch?

5. Welche Ziele möchten Sie für Ihre Beziehung festlegen?

6. Wählen Sie einen Bereich aus, mit dem Sie beginnen wollen, und beantworten Sie die drei folgenden Fragen:
a) *Was?* (Schreiben Sie auf, an welchem Ziel für Ihre Ehe Sie arbeiten möchten.)

b) *Wie?* (Erstellen Sie einen kurzfristigen Plan. Er sollte realistisch und überprüfbar sein, damit Sie auch Fortschritte feststellen können.)

c) *Wann?* (Dies ist die heikelste Frage. Tragen Sie geplante Termine definitiv in Ihren Kalender ein.)

Verpflichten Sie sich jetzt gegenseitig, diese Pläne auch einzuhalten. Überprüfen Sie von Zeit zu Zeit, wie Sie vorankommen, und konzentrieren Sie sich auf die jeweils festgelegten Ziele.

Anmerkungen

[1] Stanley, Scott, *The Heart of Commitment*, Nashville, Thomas Nelson, 1998.

[2] Sternberg, Robert, „Triangular Theory of Love", *Psychological Review 93* (1986), S. 119-135.

[3] Howard Markman, Scott Stanley und Susan Blumberg, *Fighting for Your Marriage*, San Francisco: Jossey-Bass 2001. „Fighting for Your marriage" ist als Buch, Kassette oder Video unter der Nummer erhältlich: 001-800-366-0166, © PREP.educaional Products, Inc. 1991.

[4] Vgl. Mace, David, *Love and Anger in Marriage,* Grand Rapids:, Zondervan 1982, S. 109f.

[5] Nach Mace, *How to Have a Happy Marriage*, Nachville, Abingdon 1976, S. 112ff.

[6] Markman, Stanley & Blumberg, *Fighting for Your Marriage,* a.a.O., San Francisco, Jossey-Bass 2001, S. 110.

[7] Vgl. Markman, Stanley u. Blumberg, *Fighting for Your Marriage,* a.a.O., S. 110ff.

[8] Ebenfalls bei Markman, Stanley und Blumberg, a.a.O.

[9] In Anlehnung an Wright, Norman T., *The Pillars of Marriage,* Glendale, Regal, 1979, S. 158.

[10] Sie brauchen dazu nicht unbedingt psychologische Tests, aber wenn die Ihnen helfen, greifen Sie ruhig darauf zurück. Empfehlen können wir z.B. folgende:

Friedbert Gay (Hg.), *DISG-Persönlichkeits-Profil: Verstehen Sie sich selbst besser. Schöpfen Sie Ihre Möglichkeiten aus. Entdecken Sie Ihre Stärken und Schwächen.* Gabal-Verlag/R. Brockhaus Verlag, 23. Aufl. 2002.

Wenn Sie die Hilfe eines Beraters dabei in Anspruch nehmen wollen, finden Sie Adressen und Hinweise auf entsprechende Materialien auf der Webside der Prepare/Enrich-Vertretung im deutschsprachigen Raum: www.prepare-enrich.de

[11] Peck, Scott M., *The Road Less Traveled,* New York, Walker, 1985, S. 3.

[12] Maslow, Abraham, *Motivation and Personality,* New York, Worth 1970.

[13] Vgl. dazu 5. Mose 6, 7-8: „Der Herr ist unser Gott, der Herr allein. Ihr sollt ihn von ganzem Herzen lieben, mit ganzer Hingabe, mit aller eurer Kraft. Bewahrt die Worte im Herzen, die ich euch heute sage! Prägt sie euren Kindern ein! Redet davon, ob ihr zu Hause oder unterwegs seid, ob ihr euch schlafen legt oder aufsteht."

[14] Gottman, John, *Why Marriages Succeed or Fail,* New York, Simon & Schuster, 1994, S. 29.

[15] Z.B. Wheat, Ed und Gaye, *Hautnah. Erfülltes Intimleben in der Ehe.* Asslar, Gerth Medien, 11. Aufl. 2000.

LaHaye, Tim und Beverley, *Immer noch so schön mit dir,* Erfülltes Intimleben in einer langjährigen Partnerschaft. Asslar, Gerth Medien 2001.

[16] Campbell, Ross, *Kinder sind wie ein Spiegel.* Ein Handbuch für Eltern, die ihre Kinder richtig lieben wollen. Marburg, Francke, 30. Aufl. 2000.

[17] Parrott, Les & Leslie, *Saving Your Marriage Before It Starts,* Grand Rapids, Zondervan, 1995, S. 117.

[18] Markman, Stanley & Blumberg, *Fighting for Your Marriage,* a.a.O., S. 285.

[19] Parrott, Les & Leslie, *Saving Your Marriage Before It Starts,* a.a.O., S. 135.

[20] Ebd.

[21] Nachzulesen im Neuen Testament, 1. Korinther 13,4-5.

[22] Markman, Stanley & Blumberg, *Fighting for Your Marriage,* a.a.O., S. 187.

[23] Tournier, Paul, *Mehr Verständnis in Ehe und Partnerschaft.* Humata Verlag 5. Aufl. o.J.

[24] Miller, Mary Susan, „What Are Your Expectations from Marriage?", *Family Life Today,* Oktober 1980, S. 16.

[25] Leicht verändert nach Miller, a.a.O., S. 19.

[26] Mace, David und Vera, *We can Have Better Marriages if We Really Want Them,* Nashville, Abingdon, 1974, S. 76.